PANDEMIA

Slavoj Žižek

PANDEMIA
covid-19 e a reinvenção do comunismo

Tradução: Artur Renzo

© desta edição, Boitempo, 2020
© Slavoj Žižek, 2020

Título original: Pandemic! Covid-19 Shakes the World
Esta edição foi publicada em acordo com OR Books e Vikings of Brazil Agência Literária e de Tradução Ltda.

Todos os direitos reservados.

Direção-geral Ivana Jinkings
Tradução Artur Renzo
Edição Carolina Mercês
Coordenação de produção Livia Campos
Assistência de produção Camila Lie Nakazone
Revisão Thais Rimkus e Pedro Davoglio
Capa Flávia Bomfim e Maguma
Diagramação Schäffer Editorial

Equipe de apoio Débora Rodrigues, Dharla Soares, Elaine Ramos, Frederico Indiani, Heleni Andrade, Higor Alves, Isabella Marcatti, Ivam Oliveira, Kim Doria, Luciana Capelli, Marina Valeriano, Marissol Robles, Marlene Baptista, Maurício Barbosa, Raí Alves, Talita Lima, Tulio Candiotto

---

CIP-BRASIL. CATALOGAÇÃO NA PUBLICAÇÃO
SINDICATO NACIONAL DOS EDITORES DE LIVROS, RJ

A561b
Žižek, Slavoj, 1949-
   Pandemia : covid-19 e a reinvenção do comunismo / Slavoj Žižek ; tradução Artur Renzo. - 1. ed. - São Paulo : Boitempo, 2020.

   Tradução de: Pandemic! : covid-19 shakes the world
   ISBN 978-85-7559-772-9

   1. Coronavírus (Covid-19). 2. Epidemias - Aspectos políticos. 3. Epidemias - Aspectos econômicos 4. Epidemias - Aspectos sociais. I. Renzo, Artur. II. Título.

20-63885   CDD: 303.485
                                             CDU: 316.4:616-022.7

Meri Gleice Rodrigues de Souza - Bibliotecária CRB-7/6439

É vedada a reprodução de qualquer parte deste livro
sem a expressa autorização da editora.

1ª edição: abril de 2020;
1ª reimpressão: julho de 2020; 2ª reimpressão: abril de 2021

BOITEMPO
Jinkings Editores Associados Ltda.
Rua Pereira Leite, 373
05442-000 São Paulo SP
Tel.: (11) 3875-7250 / 3875-7285
editor@boitempoeditorial.com.br | www.boitempoeditorial.com.br
www.blogdaboitempo.com.br | www.facebook.com/boitempo
www.twitter.com/editoraboitempo | www.youtube.com/tvboitempo

Sumário

Prefácio à edição brasileira – *Christian Ingo Lenz Dunker* 7

1. O vírus da ideologia 19
2. Estamos todos no mesmo barco agora 25
3. Os cinco estágios da epidemia 35
4. Bem-vindo ao deserto do viral! 41
5. *Noli me tangere* 49
6. A situação é grave demais para perdermos tempo entrando em pânico! 53
7. O coronavírus e os refugiados na Europa 61
8. Por que estamos sempre cansados? 67
9. Por uma filosofia viral? 77
10. O que nos aguarda é a barbárie de rosto humano? 87
11. Comunismo ou barbárie, simples assim! 97
12. Guia de sobrevivência psíquica para o isolamento social: duas cartas de amigos 107
13. Decisões duras 115

Sobre o autor 135

Prefácio à edição brasileira

*Christian Ingo Lenz Dunker**

Neste breve *Diário dos meses da peste*, Slavoj Žižek nos apresenta os fotogramas da chegada da crise ocasionada pela epidemia mundial de covid-19 em 2020. Menos que previsões sobre um futuro novo mundo, eles são testemunho do impacto do vírus no debate intelectual, particularmente nas ideias de esquerda, e, de forma mais singular, apontam se a crise afetaria ou não a ideia de comunismo.

Como todos os textos de intervenção, eles são prisioneiros de sua própria enunciação, tentando adivinhar o futuro próximo que tornaria necessária a proposição daquele momento. De certa forma, Žižek sempre fez isso, praticando essa arte perigosa até o limite, para o bem e para o mal. O primeiro obstáculo quando se busca ver as coisas como elas realmente são, no contexto do repórter de guerra, é escapar do que Žižek chama de "paranoia particular", como se um sentimento coletivo de perseguição diminuísse o próprio estatuto de paranoia, como se

---

* Christian Ingo Lenz Dunker é psicanalista, professor livre-docente do Instituto de Psicologia da Universidade de São Paulo (USP), analista membro de escola (AME) do Fórum do Campo Lacaniano e fundador do Laboratório de Teoria Social, Filosofia e Psicanálise da USP.

um delírio se tornasse menos delirante apenas por agregar mais pessoas convictas da mesma ideia.

De fato, essa é a primeira perspectiva para entender a chegada do novo coronavírus no Brasil. Ao contrário de outros países, a epidemia nos atravessa em meio a uma crise econômica e a uma divisão social organizada pela gramática paranoica da produção de inimigos, da autopurificação e do higienismo anticorrupção. Aqui a diferença pode ser explicada em contexto. Hábitos de higiene e limpeza como lavar as mãos, espirrar com proteção e até mesmo usar máscaras são bem-vindos e necessários. Neste momento, eles ganham nossa simpatia para se transformar em uma máxima com força de lei.

Mas imaginemos agora que surja um movimento afirmando que todas as doenças de que padecemos remontam a maus hábitos dos chineses e suas sopas de morcego. Em seguida, propomos o isolamento dos chineses e depois o ódio social contra os comunistas, chegando ao ponto de vencermos uma eleição e governarmos por meio da retórica contra os vermelhos, os quais, ao fim e ao cabo, tornam-se nossos verdadeiros e genéricos inimigos. Pois esse foi um cenário possível no Brasil antes do novo coronavírus.

Na gramática paranoica, só há dois: eu e o outro. Se estou certo, o outro está errado; se o outro está com a razão, tenho de admitir eu mesmo minha própria loucura. Talvez o signo de sanidade em Žižek esteja nesse movimento de perguntar-se, aberta e francamente, qual é o limite entre nossa *paranoia particular* e nossa *paranoia pública*. Porque, de fato, quando essa fronteira se desfaz, outras fronteiras ideológicas e raciais são imediatamente criadas.

A fronteira entre o particular e o público exerce uma função subjetiva fundamental: ela nos diz que tipo de gozo podemos nos autorizar e que tipo deverá permanecer interditado. Lembremos que o gozo não é a satisfação (dada pelo limite) nem o prazer (dado pela experiência corpórea), mas a passagem do prazer-satisfação pelo campo do Outro. Ou seja, nosso gozo sempre é determinado pelo que imaginamos, conjecturamos, hipotetizamos sobre o gozo do Outro. Aferir se ele goza mais ou se ele goza menos determina o quociente de insatisfação que estamos dispostos a aceitar e a fronteira do excesso de gozo do Outro, que desencadeia nossos piores processos de segregação, discriminação e distanciamento.

Então, como diz Žižek, "gozar sem entraves" é um horizonte determinado pelo Outro. Quando este Outro tem um semblante definido, como *chinês*, *comunista* ou *inimigo*, tudo se ajustará a nosso cálculo neurótico do gozo. Ocorre que o que nossa gramática bolsonariana de gozo não esperava era que existisse um terceiro nessa equação. Nesse caso, a economia do entrave de gozo sai de controle. Não é porque ela seja determinada por um vírus, que advém do reino da natureza, mas porque é de cunho profundamente antiparanoico que algo nos "persiga" sem que isso se reduza a nosso inimigos habituais: estrangeiros, judeus, negros, mulheres, quilombolas, pobres e quejandos. Este terceiro, contra o qual todo delírio se erige, é então negado pela demarcação de uma linha obscena das formas de vida dispensáveis: "Alguns vão morrer, lamento, é a vida".

O coronavírus parece ter posto à luz a verdade latente em nossa forma de vida neoliberal: *é preciso acelerar sempre, é impossível parar, quem está contra o mercado é comunista, queremos o Estado mínimo* – e a opção final: *vida ou economia*? Mas onde estão os argumentos neoliberais agora? Como se lida com uma peste "à moda neoliberal"? Comprando cargueiros com máscaras destinadas ao Terceiro Mundo, simplesmente porque, se você *pode* fazê-lo, você *deve* fazê-lo?

A peste é uma das alegorias históricas mais eficientes para falar do Real. Talvez seja por isso que se consagrou o mito de que Freud, ao chegar ao porto de Boston, por volta de 1905, na companhia de Jung e Ferenczi, e ouvir tocar a banda em recepção festiva, tenha comentado: "Eles não sabem, mas lhes trazemos a peste". A metáfora, ainda que provavelmente falsa do ponto de vista histórico, tornou-se um verdadeiro hino para psicanalistas de esquerda. A psicanálise é uma peste porque suspende as relações de ordem e obediência, de norma e patologia, de bons costumes e transgressão, mostrando que, em cada um de nós, existe um infectado, assim como um ditador enlouquecido interessado em negar sua existência e dignidade. Seria bom dizer logo que dois espectros rondam a Europa...

Por isso, quando Bolsonaro nega a chegada da peste, não há nada mais óbvio. Ele se vê confrontado por um inimigo Real que ameaça destruir sua retórica de campanha e seu método de governo baseado na produção imaginária de inimigos. A peste ameaça a ordem. Ela nos torna iguais diante de um mesmo elemento, ainda que não estejamos em iguais condições de vulnerabilidade e recursos para enfrentá-la. Mas devemos voltar à expressão žižekiana da paranoia particular; ou seja, devemos lembrar que há pessoas para as quais a dimensão do particular se torna um problema: sem quartos ou casas, sem condições materiais para seguir a máxima da privacidade e do distanciamento social, sem condições de manter-se financeiramente, sem Sistema Único de Saúde para protegê-las, sem renda mínima para fazê-las suportar a longa travessia pelo deserto da covid-19. Curiosamente, a peste fez sobressair a existência de quase metade dos brasileiros que vivem em situação social, econômica ou subjetiva de informalidade. A peste faz aparecer as limitações de nossa gramática de reconhecimento institucional porque ela afeta vidas, não apenas vidas que têm CPF, RG, carteira de trabalho, domicílio e lugar simbólico reconhecido institucionalmente. As vidas errantes e famintas nas ruas das grandes metrópoles brasileiras tornaram-se visíveis e problemáticas.

Žižek nos mostra que a contabilidade obscena entre vida e economia já existia antes do coronavírus. Ela retrocede até seu ancestral na grande fome da Irlanda do século XIX. Segundo o raciocínio inglês, diante da crise em sua primeira colônia, a Irlanda, que na década de 1840 enfrentou uma praga nas batatas e uma crise alimentar, seria necessário continuar produzindo e exportando a produção, ainda que com isso estivessem matando boa parte da população irlandesa de fome. Jonathan Swift ironizou esse tipo de política sugerindo que se tornasse legal alimentar-se de carne humana, em primeiro lugar de crianças. Mas agora o problema é mais engenhoso do ponto de vista biopolítico, porque a peste ameaça também os ricos e toca no ponto maiúsculo e inquestionável de que a produção não pode parar. Esta fuga para a frente, feita de promessas e balanços maquiados, de otimismo inconsequente do mercado e de devastação ambiental, encontrou agora a emergência do Real no interior de uma realidade indiscutível.

Nada melhor que comparar esse Real a nossa relação com a morte, formada por etapas de transformação de atitudes: negação, raiva, negociação, depressão e aceitação. A pergunta comunista a ser feita aqui é se seremos capazes de aceitar, no âmago de nosso ser, a experiência legada pela "paralisação do mundo". Se é possível parar de uma vez, por que não seria possível desacelerar? Por que não seria possível produzir menos e redistribuir o que temos? Por que não seria outra a experiência da vida em comum?

O deserto do viral, assim como o deserto do Real[1], que irrompeu em setembro de 2001 com o ataque às Torres Gêmeas de Nova York, tem desta vez uma extensão maior. Ele não cria um inimigo cultural nem justifica uma guerra santa contra o terrorismo. O deserto do viral nos lembra

---

[1] Ver Slavoj Žižek, *Bem-vindo ao deserto do Real! Cinco ensaios sobre o 11 de Setembro e datas relacionadas* (trad. Paulo Cezar Castanheira, São Paulo, Boitempo, 2003). (N. E.)

que nem tudo segue nossa vã geopolítica narcísica. Há ainda um terceiro ignorado nessa conta: seja ele a morte, o mestre absoluto segundo Hegel, a lei, a Natureza, ou ainda o pedaço menos vivo dos seres vivos enquanto coisas, chamado RNA (ácido ribonucleico, do qual se compõe o coronavírus).

Voltemos ao valor simbólico e pragmático da ciência e das universidades. Nem tudo é jogo de interesses e ideologia. Nem tudo se reduz ao "nervosismo dos mercados", ao axioma do "Estado mínimo". Aliás, para aqueles que ainda querem discutir o assunto nesses termos, recomendo a doação de seus próprios respiradores, de seus leitos e de sua cota de medicamentos (afinal, vá importar os seus). A realidade mais simples, a de que mesmo com dinheiro você não conseguirá garantir a salvação da própria vida, precisou de uma epidemia para mostrar seu impacto real.

O ser humano é esta noite, este vazio, este nada diante da força da natureza. Dieta narcísica forçada e redimensionamento da volumetria do mundo, com sua fé no progresso do indivíduo como razão e valor universal. Contra isso temos agora a moral da máscara, irônica vingança dos anos de islamofobia. A máscara não deve ser usada para que você não seja contaminado pelo vírus; aliás, desse ponto de vista, ela pode até facilitar as coisas, pois umedece o tecido perto da boca, tornando-se um caldo de cultura e uma porta de entrada para o vírus. A máscara não te protege, ela protege o outro. Se você usa máscara, é possível que você, se estiver infectado, não transmita o vírus para outros. Ao mesmo tempo, o melhor jeito de se proteger é usando uma máscara – porque assim outros também usarão máscaras, e você estará protegido deles. Ridiculamente simples, eficaz e concreto, mas insuficiente para evitar que ficássemos por décadas discutindo a biologia do egoísmo e do altruísmo, a glorificação do indivíduo e o caráter acessório de ideias como democracia ou comunidade.

Assim como a ideia de que o mundo não existe, de que ele é apenas um conjunto de narrativas e pontos de vista interpretativos, sumariamente extinguiu o desconstrucionismo pós-moderno americano, parece que agora a moral neoliberal se afundará de vez, e com ela a reencarnação hobbesiana de que a vida de cada um será, antes de tudo, o maior e mais inegociável valor. Os hobbesianos de plantão estão comprando papel higiênico para estocar. Nada poderia demonstrar melhor a tese lacaniana de que o sintoma é uma metáfora: estão "cagando-se de medo", sentados em suas privadas de ouro, esperando o *Anjo exterminador* de Buñuel.

O medo não é angústia, pois enquanto o primeiro tem por horizonte o objeto na realidade, o segundo tem sua origem nas profundezas regressivas do eu: o desamparo, a intrusão, o édipo, o desmame. O pânico não é mais que a progressão da angústia sobre o medo, o avanço do Real sobre a realidade. Desde quando viveu este grande teórico da arte da guerra que foi Clausewitz, sabemos que o pior inimigo do exército em batalha é a perda de seu general. Não porque ele seja particularmente sagaz ou poderoso em sua ação contra o inimigo, mas porque ele representa a encarnação do objeto em nosso ideal de eu, o ponto de contato místico e mágico entre poder e autoridade protetora. Enquanto isso funciona, temos a lógica contábil do sacrifício: deixemos os velhos, os incapazes, os inaptos morrerem para que os jovens e produtivos sobrevivam. Não foi por outro caminho que a política de Hitler começou por eliminar doentes terminais e crianças deficientes mentais – porque elas eram um peso para o Estado.

Em momentos de guerra e de peste, os improdutivos devem ser deixados para trás. Assim pensa a necropolítica, tendo por pressuposto a biopolítica. Contra isso, levantam-se Žižek e a ideia de uma "solidariedade incondicional"; ou seja, não é porque o cálculo econômico diz que algumas vidas valem mais que outras que devemos agir politicamente de acordo com isso. Quem discorda é porque na própria fantasia descansa em um lugar de proteção divina e especialidade. Quem diz a si mesmo, ainda que silenciosamente, "comigo isso não acontece", ou "antes de mim virão tantos outros que terei tempo de mudar minha posição", ainda não foi purificado pelo corona. Precisa passar pela "Lava a Jato" (versão álcool em gel) imediatamente.

Contra esse etnocentrismo narcísico, bastaria lembrar que Trump desviou um avião com equipamentos médicos simplesmente oferecendo mais dinheiro que Bolsonaro. O argumento cínico de que é preciso proteger os pobres do Terceiro Mundo senão eles invadirão e destruirão gradualmente a forma de vida liberal – europeia ou americana, chinesa ou japonesa – continua verdadeiro em tempos de coronavírus.

A estratégia pode funcionar se mantivermos um nível de exploração de "si mesmo" que parecia estar em crise antes da chegada da covid-19. O sujeito como projeto de exploração indeterminada e prospectiva de si mesmo depende de uma "luta contra si mesmo" que também não pode admitir inimigos externos. Aqui está a covid-19 como refutação desta máxima moral e política. De fato, a observação de Agamben de que o estado de exceção generalizado em torno da peste pode gerar uma biopolítica de intervenção dos Estados sobre os corpos dos indivíduos, ainda mais letal que antes, merece respeito e consideração. A experiência do medo e do desamparo certamente será usada para implantar *chips* de detecção precoce de infecções, testagens em massa por inteligência artificial e, consequentemente, guerras de resistência, como a Revolta da Vacina no Rio de Janeiro dos anos 1900. Nunca houve experiência social de medo e pânico que não tivesse sido aproveitada por tiranos e formas políticas regressivas. Ao mesmo tempo, é possível dizer que a pandemia demanda uma organização supranacional, com poder de intervenção e pressuposição nunca concebido.

Concordo com Žižek: precisamos de um "vocabulário mais matizado" para enfrentar a questão. Um vocabulário que capte a afinidade entre a *in-fectio* e *a-fectio*, ou seja, entre a *infecção* como intrusão de um objeto estrangeiro e estranho e a *afecção* como nossa capacidade de se deixar afetar pelo outro e pela diferença solidária.

Isso significaria explorar a indeterminação do outro, por exemplo, a dúvida sobre nossas convicções e a suspeita sobre a soberania da consciência em nossas disposições políticas identitárias. Isso significaria algo entre a biopolítica da segurança e do controle das populações, com suas campanhas de vacinação e contenção da circulação de corpos, e a necropolítica, com sua lentidão calculada para aprovar medidas como a renda mínima, sua reticência em aceitar a extensão e a letalidade da epidemia e sua lassidão preguiçosa no reconhecimento dos cidadãos informais – ou seja, seu interesse em administrar o "deixar morrer", capitalizando a política do "deixar para trás as vidas improdutivas". Contra isso pode nascer uma política do sonho, uma oniropolítica, que não é proveniente nem da consciência calculista de custos e benefícios, nem do humanismo consagrado e fetichista sobre o valor da vida.

Como diz Žižek, estamos diante de uma crise tripla: médica, econômica e de saúde mental. Na crise, como diz o ditado, somos todos socialistas e solidários. Mas, como reconhece o autor esloveno, a partir de um de nossos mais promissores jovens psicanalistas brasileiros, Gabriel Tupinambá, será preciso reconhecer a realidade da perda para podermos tirar uma lição capaz de instituir um novo começo depois da crise. Esse novo começo implicará identificarmo-nos com nosso sintoma, e não apenas o atribuirmos a alguma disfunção social cosmológica ou cerebral. Identificarmo-nos com nosso sintoma implica que outros vírus virão, e para eles devemos estar mais bem preparados.

1
O VÍRUS DA IDEOLOGIA

Muito já se escreveu a respeito da epidemia do coronavírus – o que mais eu poderia acrescentar na condição de observador não especialista munido de um acesso muito limitado a dados? Ora, talvez seja justamente o caso de levantar a seguinte questão aqui: onde terminam os dados e onde começa a ideologia?

O primeiro enigma evidente: há epidemias muito piores em curso, então por que uma obsessão tão grande com esta, se há milhares de pessoas morrendo todos os dias por conta de outras doenças infecciosas? Desnecessário lembrar a pandemia de influenza de 1918-1920, conhecida como gripe espanhola, cujo número de vítimas estima-se ter sido de ao menos 50 milhões: no presente, a influenza infectou 15 milhões de estadunidenses: ao menos 140 mil pessoas foram hospitalizadas e mais de 8,2 mil morreram somente nesta estação. Evidentemente, há certa paranoia racista em operação aqui – lembremos todas as fantasias sobre velhas chinesas sujas em Wuhan esfolando cobras vivas e bebendo sopa de morcego... A esta altura, uma grande cidade chinesa talvez seja um dos lugares mais seguros do mundo para se estar.

Mas há um paradoxo mais profundo em operação: quanto mais nosso mundo estiver conectado, mais um desastre local pode deflagrar um pavor global e, eventualmente, uma catástrofe. Na primavera de 2010, uma nuvem proveniente de uma pequena erupção vulcânica em uma geleira na Islândia (uma perturbação mínima no complexo mecanismo da vida na Terra) paralisou o tráfego aéreo em boa parte da Europa – um lembrete de como, mesmo com toda sua formidável atividade de transformar a natureza, o ser humano continua sendo somente mais uma das espécies vivas do planeta. O próprio efeito socioeconômico catastrófico de um surto tão pequeno deve-se a nosso desenvolvimento tecnológico (as viagens aéreas): um século antes, uma irrupção dessas teria passado despercebida. O desenvolvimento tecnológico nos torna mais independentes da natureza e, ao mesmo tempo, em outro patamar, mais dependentes dos caprichos da natureza. Isso vale também para a disseminação do coronavírus: se tivesse ocorrido antes das reformas de Deng Xiaoping, provavelmente nem teríamos ouvido falar dessa epidemia.

Então, de que forma vamos combater o vírus quando ele simplesmente se multiplica como uma estranha forma de vida parasitária invisível, uma entidade morta-viva espectral cujo mecanismo de funcionamento preciso permanece basicamente desconhecido a nós? É essa falta de conhecimento que provoca pânico: e se o vírus sofrer uma mutação imprevisível e deflagrar uma verdadeira catástrofe global? Esta é minha paranoia particular: será que o que está por trás do pânico demonstrado pelas autoridades, apesar dos efeitos práticos até agora serem relativamente modestos, reside no fato de que eles sabem (ou ao menos suspeitam de) algo a respeito das possíveis mutações que eles não querem divulgar a fim de evitar confusão e inquietação no público geral?

Uma coisa é certa: isolamento, novos muros e mais quarentenas não resolverão o problema. Precisamos de solidariedade incondicional e de uma resposta globalmente coordenada, uma nova forma daquilo que certa vez se chamou de comunismo. Se não orientarmos nossos esforços nessa direção, a Wuhan de hoje talvez venha a ser a imagem da cidade de nosso futuro. Muitas distopias já imaginaram um futuro semelhante: ficamos em larga medida em casa, trabalhamos de nossos computadores, nos comunicamos via videoconferência, nos exercitamos em aparelhos no canto de nosso *home office*, ocasionalmente nos masturbamos em frente a uma tela exibindo sexo explícito e encomendamos comida a ser entregue em casa.

Há, contudo, uma perspectiva emancipatória inesperada escondida nessa visão de pesadelo. Devo admitir que, durante estes últimos dias, me peguei sonhando com visitar Wuhan. Será que as ruas semiabandonadas de uma megalópole – centros urbanos costumeiramente movimentados parecendo mais cidades fantasmas, lojas com as portas abertas e nenhum consumidor, só um transeunte solitário aqui ou ali, um ou outro carro passando, indivíduos sempre cobertos de máscaras cirúrgicas brancas – não fornecem a imagem de um mundo não consumista bem resolvido? A beleza melancólica das avenidas vazias de Xangai ou Hong Kong me faz lembrar certos filmes antigos pós-apocalípticos, como *A hora final* (1959), dirigido por Stanley Kramer, que retratam uma cidade com boa parte da população já dizimada – sem nenhuma grande destruição espetaculosa, só o mundo lá fora que já não está mais à disposição para nós, esperando ou olhando por nós. Até mesmo as máscaras cirúrgicas brancas que as poucas pessoas andando pelas ruas usam fornecem um anonimato e uma liberação em relação à pressão social do reconhecimento.

Muitos de nós lembramos a famosa conclusão do manifesto dos estudantes situacionistas de 1966: "*Vivre sans temps mort, jouir sans entraves*" [viver sem tempo morto, gozar sem entraves]. Se Freud e Lacan nos ensinaram alguma coisa, foi que essa fórmula – caso supremo de uma injunção superegoica, visto que, como Lacan bem demonstrou, o superego é em seu nível mais elementar uma injunção positiva para o gozo e não um ato proibitivo negativo – é uma receita para o desastre: o impulso de preencher todo e qualquer momento de nosso tempo disponível com mobilização intensa inevitavelmente desemboca em uma monotonia sufocante. O tempo morto – os momentos de recuo e daquilo que os velhos místicos denominavam *Gelassenheit* – é crucial para a revitalização de nossa experiência de vida. E, talvez, possamos ter esperança de que uma das consequências não intencionais das quarentenas por coronavírus nas cidades chinesas será que ao menos algumas pessoas utilizarão seu tempo morto para se libertar do imperativo do agir desenfreado e para pensar a respeito do sentido (ou da falta de sentido) da situação na qual se encontram.

Tenho plena consciência do perigo com o qual estou flertando ao tornar públicos esses meus pensamentos. Afinal, eu não estaria com isso reproduzindo uma nova versão da prática de, a partir de minha posição externa segura, atribuir ao sofrimento das vítimas alguma sacada autêntica mais profunda, contribuindo assim para cinicamente legitimar o sofrimento delas? Quando um cidadão ou uma cidadã de Wuhan sai à rua vestindo uma máscara cirúrgica à procura de medicamentos ou comida, definitivamente não há pensamentos anticonsumistas em sua mente – só pânico, raiva e medo. Meu argumento é que mesmo acontecimentos horríveis podem ter consequências positivas imprevistas.

Carlo Ginzburg propôs a noção de que se envergonhar de seu país, e não o amar, talvez seja o verdadeiro sinal de pertencimento a ele. Talvez alguns israelenses reunirão coragem para sentir vergonha das políticas que Netanyahu e Trump vêm fazendo em seu nome – não, é claro, no sentido de ter vergonha de ser judeu, mas, pelo contrário, de sentir vergonha do que as políticas israelenses na Cisjordânia estão fazendo com o legado mais precioso do próprio judaísmo. Talvez alguns ingleses possam reunir coragem para se envergonhar do sonho ideológico que lhes trouxe o Brexit. Mas para o povo de Wuhan, não é hora de sentir-se envergonhado nem estigmatizado, mas sim de reunir coragem e persistir pacientemente em sua luta.

Os únicos que verdadeiramente devem se envergonhar na China são aqueles que publicamente fizeram pouco caso da epidemia ao mesmo tempo que tomaram todas as medidas para proteger a si mesmos, agindo como aqueles funcionários soviéticos em torno de Chernobil que declararam publicamente que não havia perigo enquanto evacuavam imediatamente suas famílias, ou aqueles gestores de alto escalão que negam publicamente o aquecimento global, mas já estão comprando casas na Nova Zelândia ou construindo *bunkers* de sobrevivência nas montanhas Rochosas. Talvez a indignação pública contra esse tipo de comportamento duplo (que já está compelindo as autoridades a se comprometer com transparência) enseje outro desenvolvimento político positivo não intencional na China.

Mas quem de fato deveria sentir vergonha são todos nós ao redor do mundo pensando em como colocar os chineses em quarentena.

2
ESTAMOS TODOS NO MESMO BARCO AGORA

Li Wenliang, o médico que descobriu a epidemia atualmente em curso e sofreu censura por parte das autoridades, foi um autêntico herói de nosso tempo, algo como um Chelsea Manning ou um Edward Snowden chinês. Por isso, não é de se espantar que sua morte tenha desencadeado um sentimento generalizado de indignação. A reação previsível diante da forma pela qual o Estado chinês lida com epidemias talvez seja mais bem resumida no comentário de Verna Yu: "Se a China valorizasse liberdade de expressão, não haveria uma crise de coronavírus". Nas palavras da articulista de Hong Kong:

> A não ser que a liberdade de expressão e outros direitos básicos dos cidadãos chineses sejam respeitados, essas crises só se repetirão. [...] Pode parecer que a questão dos direitos humanos na China tem pouco a ver com o resto do mundo, mas, como vimos nesta crise, pode ocorrer um desastre quando a China restringe as liberdades de seus cidadãos.

Certamente chegou a hora da comunidade internacional levar essa questão mais a sério.[1]

É verdade, pode-se dizer que todo o funcionamento do aparato estatal chinês opera contra o velho lema maoísta de "confiar no povo". Ele é baseado efetivamente na premissa de que *não* se deve confiar no povo: é preciso amar, proteger e cuidar do povo... mas não confiar nele. Essa desconfiança é simplesmente a culminação da mesma postura exibida pelas autoridades chinesas quando elas lidam com reações a protestos ambientais ou problemas com a saúde dos trabalhadores. O Estado chinês parece recorrer cada vez mais a um determinado tipo de procedimento: uma pessoa (seja um ativista ambiental, um estudante marxista, o chefe da Interpol, um pregador religioso, uma editora de Hong Kong ou mesmo uma atriz popular de cinema) simplesmente desaparece por duas semanas (antes de reaparecer em público com acusações específicas lançadas contra ela), e esse período prolongado de silêncio transmite a mensagem-chave: o poder é exercido de maneira impenetrável, em que nada precisa ser provado; o raciocínio legal vem em um segundo momento, uma vez que esse recado básico é transmitido... Mas o caso dos alunos marxistas sumidos não deixa de ser particular: na medida em que todas as desaparições dizem respeito a

---

[1] Verna Yu, "If China valued free speech, there would be no coronavirus crisis", *The Guardian*, 8 fev. 2020. Disponível em: <https://www.theguardian.com/world/2020/feb/08/if-china-valued-free-speech-there-would-be-no-coronavirus-crisis>; acesso em: 2 abr. 2020.

indivíduos cujas atividades de alguma forma podem ser caracterizadas como uma ameaça ao Estado, a desaparição de estudantes marxistas legitima a atividade crítica deles em referência à própria ideologia oficial.

O que desencadeou uma reação de pânico tão intensa na liderança do Partido foi, é claro, o espectro de uma rede de auto-organização surgindo por meio de elos horizontais diretos entre grupos de alunos e trabalhadores – além do mais, baseados no marxismo e gozando da simpatia de alguns quadros antigos do Partido, inclusive certos setores do Exército. Uma rede dessas sobrepuja diretamente a legitimidade do domínio do Partido e o denuncia como impostura. Não é de se espantar, portanto, que, nos últimos anos, muitos sites "maoístas" tenham sido tirados do ar e vários grupos de debate marxistas nas universidades tenham sido proibidos – a coisa mais perigosa que se pode fazer na China hoje é acreditar e levar a sério a própria ideologia oficial. A China agora paga o preço por essa postura.

Segundo Gabriel Leung, o principal epidemiologista de saúde pública de Hong Kong, o coronavírus pode atingir cerca de dois terços da população mundial se a epidemia não puder ser controlada. As pessoas precisam poder acreditar e confiar em seu governo enquanto a comunidade científica trabalha para resolver as incertezas do novo surto, disse, "e, é claro, quando você tem mídias sociais, *fake news* e notícias verdadeiras, tudo misturado, e portanto zero confiança, como fazer para combater essa epidemia?". Nessas situações, você precisa de uma dose extra de confiança, um senso extra de solidariedade e de boa vontade – e tudo isso foi completamente exaurido.[2]

Em uma sociedade saudável, deve haver mais que uma única voz, disse o dr. Li em seu leito hospitalar, pouco antes de morrer. Esse imperativo urgente para que haja outras vozes não significa necessariamente o tipo ocidental de democracia multipartidária; trata-se apenas de uma reivindicação por um espaço aberto no qual as reações críticas dos cidadãos possam ser escutadas. O principal argumento contra a ideia de que o Estado precisa controlar os boatos para evitar um pânico generalizado é que esse próprio controle promove um ambiente de desconfiança, criando ainda mais boatos de conspirações – somente a confiança mútua entre pessoas comuns e o Estado pode resolver isso.

Em tempos de epidemia, é preciso um Estado forte, uma vez que medidas de larga escala, como quarentenas, devem ser implementadas com disciplina militar. A China foi capaz de submeter dezenas de milhares de pessoas à quarentena. Imagine só a mesma epidemia massiva em um país como os Estados Unidos – será que o Estado seria capaz de implementar as mesmas medidas? Podemos até imaginar que, diante de uma situação dessas, milhares de

---

[2] Sarah Boseley, "Coronavirus 'could infect 60% of global population if unchecked'", *The Guardian*, 11 fev. 2020. Disponível em: <https://www.theguardian.com/world/2020/feb/11/coronavirus-expert-warns-infection-could-reach-60-of-worlds-population>; acesso em: 2 abr. 2020.

libertarianistas pegariam em armas para combater quaisquer medidas das autoridades, suspeitando que a quarentena seja uma conspiração de Estado... Então, teria sido possível evitar o surto com mais liberdade de expressão ou será que a China agora sacrifica Hubei para salvar o mundo? Em certo sentido, ambas as versões são verdadeiras, e o que torna as coisas ainda piores é que não há forma fácil de separar a "boa" liberdade de expressão dos "maus" boatos. Quando as vozes críticas se queixam de que "a verdade sempre será tratada como boataria" pelas autoridades chinesas, devemos acrescentar que a mídia oficial e o vasto domínio de notícias digitais já estão repletos de boatos.

Um caso escancarado de boataria se deu em uma das principais redes televisivas russas, a *Channel One*, que lançou um quadro regular dedicado a teorias da conspiração a respeito do coronavírus em seu principal noticiário noturno, *Vremya* [Tempo]. O estilo da reportagem é ambíguo: ao mesmo tempo que parece refutar as teorias apresentadas, deixa os telespectadores com a impressão de que elas contêm um fundo de verdade. A mensagem (elites ocidentais ocultas e especialmente os Estados Unidos são de alguma forma os grandes responsáveis pela epidemia do coronavírus) é assim transmitida como um boato duvidoso: é tudo doido demais para ser verdade, mas, ainda assim, quem sabe[3]... A suspensão da verdade

---

[3] "Coronavirus: Russian media hint at US conspiracy", *BBC News*, 7 fev. 2020. Disponível em: <https://www.bbc.com/news/world-europe-51413870>; acesso em: 2 abr. 2020.

efetiva estranhamente não elimina sua eficácia simbólica. Além disso, tampouco devemos descartar a possibilidade de que, às vezes, não contar toda a verdade para o público pode efetivamente evitar uma situação de pânico que poderia, por sua vez, acarretar um maior número de vítimas. Nesse ponto, o problema não pode ser resolvido – a única saída é a confiança mútua entre as pessoas e os aparatos de Estado, e é isso que está dolorosamente em falta na China.

Se uma epidemia mundial se desenvolver, estamos cientes de que os mecanismos de mercado não serão suficientes para prevenir caos e fome? Medidas que parecem "comunistas" a muitos de nós hoje terão de ser consideradas em nível global: gerenciamento da produção e da distribuição para além das coordenadas do mercado. Vale lembrar aqui a grande fome que devastou a Irlanda na década de 1840, em larga medida resultado da requeima das batatas, com milhões de pessoas mortas ou obrigadas a emigrar. O Estado inglês manteve sua confiança nos mecanismos de mercado, e a Irlanda continuou exportando alimentos enquanto milhões estavam sofrendo... Com sorte, uma solução brutal como essa não será mais aceitável hoje.

Podemos ler a epidemia em curso do coronavírus como uma versão invertida de *A guerra dos mundos* (1897), de H. G. Wells, que narra a história de como os marcianos conquistam o planeta Terra. Ao fim do romance, o narrador-herói, desesperado, descobre que todos os marcianos foram mortos por um ataque de patógenos terráqueos contra os quais eles não tinham imunidade: "Mortos, depois que todos os artifícios do homem haviam fracassado, pelas coisas mais humildes que Deus, em sua sabedoria, colocou sobre esta Terra". É interessante notar que, de acordo com Wells, a trama surgiu de uma discussão com seu irmão, Frank, a respeito do efeito catastrófico dos ingleses para o povo indígena na ilha da Tasmânia. O que ocorreria, ele se perguntava, se os marcianos fizessem com a Inglaterra o que os ingleses haviam feito com aquele povo? Os tasmanianos nativos, contudo, não puderam contar com os patógenos letais para derrotar seus invasores[4]. Talvez as epidemias que ameaçam dizimar a humanidade devessem ser tratadas como a história de Wells virada do avesso: os "invasores marcianos" impiedosamente explorando e destruindo a vida no planeta somos nós mesmos, a humanidade, e, afinal, todos os dispositivos dos primatas altamente desenvolvidos para se defender de nós fracassaram, e agora somos ameaçados "pelas coisas mais humildes que Deus, em sua sabedoria, colocou sobre esta Terra", vírus estúpidos que só se multiplicam cegamente – e sofrem mutações.

Devemos, é claro, analisar em detalhes as condições sociais que tornaram possível a epidemia do coronavírus – só pense como, no mundo interconectado de hoje, um inglês se encontra com alguém em Singapura, retorna à

---

[4] Ver o artigo na Wikipedia sobre *A guerra dos mundos*. Disponível em: <https://en.wikipedia.org/wiki/The_War_of_the_Worlds>; acesso em: 2 abr. 2020.

Inglaterra e depois vai esquiar na França, infectando lá mais quatro... Os suspeitos de sempre já estão na fila para serem interrogados: o mercado capitalista global etc. No entanto, devemos resistir à tentação de tratar a epidemia em curso como algo dotado de um significado mais profundo: como a punição cruel, porém justa, da humanidade por toda a exploração implacável feita sobre outras formas de vida na Terra ou qualquer coisa do tipo... Se buscássemos um recado escondido como esse, permaneceríamos pré-modernos: estaríamos tratando nosso universo como um parceiro na comunicação. Mesmo com nossa própria sobrevivência ameaçada, há ainda algo reconfortante na ideia de estarmos sendo punidos – afinal, o universo (ou mesmo "alguém-lá-fora") estaria nos observando... O que é realmente difícil de aceitar é que a epidemia em curso é resultado, por excelência, de uma contingência natural, que foi simplesmente algo que aconteceu e que ela não guarda nenhum outro significado mais profundo. Na ordem mais ampla das coisas, somos uma espécie sem importância.

Reagindo à ameaça representada pelo surto do coronavírus, Benjamin Netanyahu imediatamente ofereceu ajuda e coordenação à Autoridade Nacional Palestina – não por bondade ou consideração humana, mas pelo simples fato de que é impossível separar judeus e palestinos – se um grupo for afetado, o outro inevitavelmente também será atingido. Essa é a realidade que devemos traduzir à política – agora é a hora de renunciar ao lema "América (ou quem quer que seja) em primeiro lugar". Como disse Martin Luther King mais de meio século atrás: "Talvez tenhamos chegado em embarcações diferentes, mas agora estamos todo no mesmo barco". Se não começarmos a nos comportar assim, poderemos muito bem acabar todos em um barco chamado *Diamond Princess*.

3
Os cinco estágios da epidemia

Talvez possamos aprender algo a respeito de nossas reações à epidemia do coronavírus com a psiquiatra Elisabeth Kübler-Ross, que, em seu livro *Sobre a morte e o morrer*[1], propôs o famoso esquema dos cinco estágios de como reagimos ao tomar conhecimento de que portamos uma doença terminal. São eles: *negação* (a simples recusa de aceitar o fato: "Isso não pode estar acontecendo, não comigo"); *raiva* (que estoura quando já não podemos mais negar o fato: "Como isso pôde acontecer comigo?"); *negociação* (a esperança de que, de alguma forma, possamos postergar ou mitigar o fato: "Se eu pudesse apenas viver a tempo de ver meus filhos se formarem"); *depressão* (desinvestimento libidinal: "Eu vou morrer, então por que afinal me importar com qualquer coisa?"); e *aceitação* ("Se não posso combater a morte, posso ao menos me preparar para ela"). Mais tarde, Kübler-Ross aplicou esse esquema a qualquer forma de perda pessoal catastrófica (desemprego, morte de um ente querido, divórcio, drogadição) e enfatizou que esses estágios não necessariamente vêm

---
[1] Ed. bras.: trad. Paulo Menezes, São Paulo, Martins Fontes, 2008. (N. E.)

na mesma ordem, e que nem todo paciente passa pelos cinco estágios.

É possível identificar os mesmos cinco estágios sempre que uma sociedade se depara com alguma ruptura traumática. Tomemos a ameaça de uma catástrofe ambiental, por exemplo. Primeiro, tendemos a negá-la: "Não passa de uma grande paranoia, na verdade são apenas as oscilações comuns dos padrões climáticos". Daí vem a raiva – dirigida contra as grandes corporações que poluem nosso meio ambiente, contra o governo que ignora os perigos, contra a cultura de toda uma geração etc. –, seguida por tentativas de negociação: "Se reciclarmos nosso lixo, conseguiremos ganhar algum tempo; além disso, há um lado positivo: as embarcações terão condição de transportar bens da China para os Estados Unidos com muito mais rapidez pela rota do norte, novas terras férteis estão aparecendo no norte da Sibéria em função do derretimento do pergelissolo". Depois disso, é claro, a depressão (o sentimento de que é tarde demais, de que tudo está perdido) e, finalmente, a *aceitação* de que estamos diante de uma ameaça séria e precisamos mudar todo o nosso modo de vida.

Isso vale também para a crescente ameaça do controle digital sobre nossa vida. A primeira tendência é a *negação*: "É um exagero, uma paranoia esquerdista, nenhuma instância pode controlar nossas atividades cotidianas". Depois explodimos em *raiva* e indignação diante das grandes empresas e agências estatais secretas que nos conhecem melhor que nós mesmos e utilizam esse conhecimento para nos controlar e manipular. No estágio seguinte, da *negociação*, vemos raciocínios do tipo: "As autoridades têm direito de buscar terroristas, mas não de violar nossa privacidade". Depois, a *depressão*: "É tarde demais, nossa privacidade está perdida, a era das liberdades pessoais acabou"; e, por fim, a *aceitação*, o pleno entendimento de que o controle digital é uma ameaça a nossa liberdade, e que precisamos conscientizar o público de todas as suas dimensões e nos mobilizar para combatê-lo.

Mesmo na esfera da política, isso vale para aqueles que ficaram traumatizados com a eleição de Donald Trump, por exemplo. Primeiro veio a *negação* ("Não se preocupe, Trump só está fazendo cena, nada vai realmente mudar se ele tomar o poder"), seguida de *raiva* (dirigida contra as forças obscuras que permitiram que ele tomasse o poder, contra os populistas que o apoiam e representam uma ameaça a nossa substância moral); depois a *negociação* ("Nem tudo está perdido, talvez as instituições o contenham, vamos só tolerar alguns de seus excessos e focar no principal"); a *depressão* ("Estamos no caminho do fascismo, a democracia está perdida nos Estados Unidos"); e, por fim, a *aceitação* de que há um regime político novo nos Estados Unidos, que os bons e velhos tempos da democracia estadunidense acabaram, e que vamos agora ter de encarar o perigo e planejar com tranquilidade como superar o populismo de Trump.

Em tempos medievais, a população de uma cidade afetada reagiu aos sinais de uma peste de maneira parecida. Depois da *negação*, a *raiva* diante de "nossa vida pecaminosa, pela qual agora estamos sendo punidos de maneira tão horrível" (ou mesmo contra a crueldade de Deus, que permitiu que isso ocorresse). Em seguida, as tentativas de *negociação* e o raciocínio de que, afinal, as coisas não são tão ruins assim, basta evitar os doentes ou algo do tipo. Curiosamente, na etapa de *depressão* ("nossa vida vai acabar"), o que se viu foram orgias ("já que nossa vida vai acabar, tiremos dela todos os prazeres que ainda forem possíveis: embriaguez, sexo..."). E, finalmente, houve a *aceitação* de que a situação era aquela e que o jeito seria ir levando a vida assim mesmo.

E não é assim que estamos lidando com a epidemia do coronavírus que irrompeu no fim de 2019? Primeiro, houve a fase da *negação*, em que se insistiu em dizer: "Não há nada grave ocorrendo, há apenas alguns indivíduos irresponsáveis disseminando pânico". Depois, o sentimento de *raiva* – muitas vezes sob forma racista ou anti-Estado: "Os culpados são os chineses sujos ou a ineficiência do Estado em lidar com esse tipo de crise". Na sequência, entram os raciocínios da fase de *negociação*: "Ok, há algumas vítimas, mas a situação é menos grave que a Sars e ainda podemos limitar o estrago". E se nada disso funcionar, bate a *depressão* ("Não nos enganemos mais, estamos todos perdidos"). Mas como seria a *aceitação* aqui? É estranho constatar que essa epidemia apresenta um traço em comum com a última rodada de protestos sociais ocorridos na França, em Hong Kong, na América Latina etc., a saber: não são fenômenos que explodem e depois passam; eles permanecem e simplesmente perduram, trazendo medo e fragilidade permanentes a nossa vida.

Aquilo que devemos aceitar, a realidade com a qual devemos nos reconciliar, é que há uma subcamada de vida – a vida pré-sexual, estupidamente repetitiva, morta-viva dos vírus – que sempre esteve aqui e que sempre estará entre nós como uma sombra escura, representando uma ameaça a nossa própria sobrevivência, sendo capaz de irromper quando menos esperarmos. E em um nível ainda mais geral, a epidemia viral nos lembra do caráter em última instância contingente e desprovido de sentido de nossa vida. Não importa quão magníficos são os edifícios espirituais que nós, a humanidade, somos capazes de produzir, uma contingência natural estúpida como um vírus ou um meteoro pode acabar com tudo de uma só vez... sem falar na lição de ecologia de que nós, a humanidade, podemos também contribuir sem saber para esse fim.

Voltaremos a isso, mas por ora vale frisar que a aceitação nesse caso pode assumir duas direções. Ela pode significar simplesmente a renormalização da doença, como quem diz: "Ok, as pessoas vão continuar morrendo, mas a vida vai seguir, talvez até haja alguns efeitos colaterais positivos". Ou a aceitação pode (e deve) nos estimular à mobilização, sem pânico e sem ilusões, para agir em solidariedade coletiva.

4
Bem-vindo ao deserto do viral!

A atual propagação da epidemia do coronavírus também desencadeou um enorme surto de vírus ideológicos que se encontravam em estado dormente em nossas sociedades: *fake news*, teorias da conspiração paranoicas, explosões de racismo… A necessidade concreta e bem fundamentada de implementar quarentenas reverberou nas pressões ideológicas de erguer fronteiras claras e submeter a condições de isolamento "inimigos" que representariam uma ameaça a nossa identidade.

Mas é possível que outro vírus ideológico, muito mais benigno, também se alastre e, com sorte, infecte todos nós: o vírus de começarmos a pensar em possibilidades alternativas de sociedade, possibilidades para além do Estado-nação, que se efetivem sob formas de cooperação e solidariedade globais. Muito se especula hoje se o coronavírus poderá levar à queda do governo comunista na China, da mesma forma que (como o próprio Gorbatchov admitiu) a catástrofe de Chernobil foi o acontecimento que deflagrou o fim do comunismo soviético. Mas há um paradoxo aqui: o coronavírus também nos estimulará a reinventar o comunismo com base na confiança no povo e na ciência.

Na última cena de *Kill Bill: Volume 2*, de Quentin Tarantino, a protagonista Beatrix (Uma Thurman) debilita o malvado Bill (David Carradine) e o acerta com a "técnica dos cinco pontos que explodem o coração", o golpe mais mortífero de todas as artes marciais. A técnica consiste em uma combinação de cinco golpes aplicados com a ponta dos dedos em cinco pontos de pressão diferentes no corpo do oponente – depois de sofrer o ataque, ao virar as costas e completar cinco passos, o coração da vítima explode e ela desaba. (Esse golpe, desnecessário dizer, é parte da mitologia das artes marciais de matriz chinesa, mas não pode ser reproduzido na realidade.) No filme, depois que Beatrix aplica a técnica em Bill, ele calmamente faz as pazes com ela antes de dar seus cinco passos e morrer... O que torna esse golpe tão fascinante é o intervalo que ele comporta entre sua execução e seu resultado: uma vez golpeado, posso ainda ter uma conversa tranquila desde que eu permaneça calmo e sentado, embora esteja plenamente ciente de que, assim que me levantar para andar, meu coração irá explodir e eu cairei duro.

Não poderíamos dizer que a ideia por trás das especulações sobre como o coronavírus pode levar à queda do governo comunista na China passa um pouco por aí? Como se essa epidemia operasse tal qual uma espécie de ataque social ao regime comunista chinês com a "técnica dos cinco pontos que explodem o coração"? Uma vez golpeados, eles ainda podem permanecer sentados, comentando a situação com tranquilidade e tocando os procedimentos rotineiros de quarentena etc., mas toda e qualquer mudança real na ordem social (como efetivamente confiar nas pessoas) inevitavelmente levará a seu colapso... Minha modesta opinião, contudo, é muito mais radical que essa: arrisco dizer que a epidemia do coronavírus é uma espécie de ataque com a "técnica dos cinco pontos que explodem o coração" a *todo o sistema* capitalista global – um sinal de que não podemos mais continuar tocando as coisas da mesma forma e de que é necessária uma mudança radical.

Alguns anos atrás, o crítico literário e ensaísta Fredric Jameson chamou atenção ao potencial utópico presente em filmes sobre catástrofes cósmicas. Isto é, uma ameaça global como um asteroide pondo em risco a vida no planeta ou uma pandemia que está aniquilando a humanidade é capaz de ensejar uma nova solidariedade global: diante dela, nossas pequenas diferenças tornam-se insignificantes e todos passamos a trabalhar juntos para encontrar uma solução. E aqui estamos nós hoje, na vida real. Veja, o ponto não é se aproveitar sadicamente do sofrimento generalizado desde que ele contribua para nossa causa. Pelo contrário. Trata-se de refletir sobre o triste fato de que precisamos de uma catástrofe dessa magnitude para nos fazer repensar as características básicas da sociedade em que vivemos.

O primeiro modelo ainda vago desse tipo de coordenação global é a Organização Mundial de Saúde (OMS), que não vem nos oferecendo a bobageira burocrática usual, mas alertas precisos, divulgados sem alarde. Devemos conceder a tais organizações mais poder executivo. Bernie Sanders vem sendo ridicularizado por céticos por defender atendimento universal de saúde gratuito nos Estados Unidos – mas será que a lição desta epidemia não é de que é necessário ainda mais que isso, de que devemos começar a montar algum tipo de rede *global* de atendimento de saúde?

Um dia depois de o vice-ministro da Saúde iraniano, Iraj Harirchi, realizar uma coletiva de imprensa para tentar minimizar o alarde sobre a disseminação do coronavírus e afirmar não haver necessidade de implementar quarentenas de massa, ele soltou uma declaração breve admitindo que havia contraído o coronavírus e se colocado em situação de isolamento (já durante a primeira aparição televisiva, ele chegou a apresentar repentinos sintomas de febre e fraqueza). Harirchi acrescentou: "Esse vírus é democrático e não discerne entre pobres e ricos ou entre políticos e cidadãos comuns"[1]. Nesse sentido, ele está profundamente correto – estamos todos no mesmo barco. É difícil não ver a ironia suprema no fato de que o que nos uniu e nos levou à solidariedade global se expressa no nível da vida cotidiana em orientações rigorosas para evitar contatos próximos com os outros e inclusive se autoisolar.

---

[1] Martin Chulov, "Iran's deputy health minister: 'I have coronavirus'", *The Guardian*, 25 fev. 2020. Disponível em: <https://www.theguardian.com/world/2020/feb/25/irans-deputy-health-minister-i-have-coronavirus>; acesso em: 2 abr. 2020.

Não estamos lidando apenas com ameaças virais – outras catástrofes também rondam nosso horizonte, se já não estão ocorrendo: secas, ondas de calor, tempestades massivas etc. Em todos esses casos, a resposta correta deve ser não um pânico generalizado, mas o trabalho duro e urgente de estabelecer algum tipo de coordenação global eficiente.

A primeira ilusão da qual devemos nos desvencilhar é aquela formulada por Trump durante sua visita à Índia, a saber, de que a epidemia vai regredir logo e que só precisamos esperar chegar o pico, pois em seguida a vida voltará ao normal… A China, aliás, já está se preparando para esse momento: a mídia chinesa chegou a anunciar que, terminada a epidemia, as pessoas terão de trabalhar nos fins de semana para tirar o atraso. Contra essas esperanças demasiadamente fáceis, a primeira coisa a admitir é que a ameaça veio para ficar: mesmo se essa onda recuar, ela voltará a surgir em novas formas, talvez até mais perigosas. O fato de já haver pacientes que sobreviveram ao coronavírus, foram declarados curados e depois voltaram a ser infectados é um sinal sinistro nessa direção.

Por esse motivo, é de se esperar que as epidemias virais terão impacto em nossas interações mais elementares com outras pessoas, com os objetos a nossa volta e inclusive com nossos próprios corpos. Evitar entrar em contato com coisas que possam estar "contaminadas", não tocar em livros, não sentar em privadas públicas ou em bancos públicos, não abraçar os outros nem apertar suas mãos… talvez até fiquemos mais ciosos de nossos gestos espontâneos: não mexer muito no nariz, evitar esfregar os olhos e coçar o corpo. Ou seja, não são apenas o Estado e outras instâncias que nos controlarão: devemos aprender a controlar e a disciplinar a nós mesmos.

Talvez apenas a realidade virtual seja considerada segura e se deslocar livremente em um espaço aberto se torne algo reservado às ilhas privativas dos ultrarricos[2]. Mas mesmo no nível da realidade virtual e da internet, vale lembrar que nas últimas décadas os termos "vírus" e "viral" foram usados principalmente para designar fenômenos digitais que infectavam nosso espaço virtual e dos quais não estávamos cientes, ao menos não até que seu poder destrutivo (digamos, de corromper nossos dados ou torrar nossos HDs) eclodisse. O que testemunhamos agora é um retorno massivo ao significado literal originário do termo. As infecções virais operam de mãos dadas em ambas as dimensões, real e virtual.

Outro fenômeno esquisito que podemos observar é o retorno triunfal do animismo capitalista, em que se tratam fenômenos sociais, tais como os mercados ou o capital financeiro, enquanto entidades vivas. Ao lermos algumas das principais manchetes da grande mídia, a impressão que fica é que o que realmente deve nos preocupar não são os milhares que já morreram (e milhares que ainda vão morrer), mas o fato de que "os mercados estão ficando nervosos" – o coronavírus está perturbando cada vez mais o bom funcionamento do mercado mundial e,

---

[2] Devo este *insight* a Andreas Rosenfelder.

como nos é dito, o crescimento pode sofrer uma queda de 2% ou 3%... Será que tudo isso não assinala de forma clara a necessidade urgente de reorganizar nossa economia global para não mais deixá-la à mercê dos mecanismos de mercado? Não me refiro aqui ao comunismo à moda antiga, é claro, mas simplesmente a algum tipo de organização global capaz de controlar e regular a economia, bem como de limitar a soberania de Estados-nação quando assim for necessário. Países inteiros foram capazes de fazer isso em condições de guerra, e estamos efetivamente nos aproximando, todos nós, de um estado de guerra médico.

Além disso, também não devemos temer apontar certos efeitos colaterais potencialmente benéficos desta epidemia. Um dos símbolos da epidemia são passageiros presos (postos em quarentena) em grandes cruzeiros – fico tentado a dizer um "já vai tarde!" à obscenidade que representam essas embarcações. (Só precisamos tomar cuidado para que a viagem para ilhas desertas ou para outros *resorts* exclusivos não se torne privilégio de poucos ricos, como décadas atrás ocorria com a viagem de avião.) Os parques de diversão da Disneylândia estão se transformando em cidades fantasmas – o que é perfeito, não consigo imaginar um lugar mais enfadonho e estúpido. A produção automobilística ficou seriamente afetada – ótimo, isso pode até nos obrigar a pensar em alternativas para nossa obsessão com veículos individuais... A lista pode ser prolongada indefinidamente.

Em um discurso recente, Viktor Orbán disse o seguinte: "Não existe liberal. Um liberal não é nada mais que um comunista diplomado"³. Mas e se no fundo o oposto for verdadeiro? Se chamarmos de "liberais" aqueles que se importam com nossas liberdades e de "comunistas" aqueles que estão cientes de que só podemos salvar essas liberdades com mudanças radicais, visto que o capitalismo global se aproxima de uma crise, então deveremos dizer que, hoje, aqueles que ainda se consideram comunistas são liberais diplomados – liberais que estudaram seriamente por que nossos valores liberais estão sob ameaça e tornaram-se conscientes de que apenas uma mudança radical pode salvá-los.

---

3   Alastair Jamieson, "Hungary's Orban lashes out at slow EU growth, 'sinister menaces' and George Soros", Euronews, 17 fev. 2020. Disponível em: <https://www.euronews.com/2020/02/16/hungary-s-orban-lashes-out-at-slow-eu-growth-sinister-menaces-and-george-soros>; acesso em: 2 abr. 2020.

5
NOLI ME TANGERE

"Não me toques". Foi isso que, segundo *João 20:17*, Jesus teria dito a Maria Madalena quando ela o reconheceu depois da ressurreição. De que forma eu, um ateu cristão confesso, interpreto essas palavras? Primeiro, leio-as em conjunto com a resposta de Cristo à pergunta de seu discípulo sobre como saberemos que ele voltou, que ele renasceu. Cristo diz que estará lá sempre que houver amor entre seus fiéis; estará lá não como uma pessoa a ser tocada, mas como o vínculo de amor e solidariedade entre as pessoas. Por isso "não me toques, toca e trata as outras pessoas no espírito do amor".

Hoje, contudo, em meio à epidemia do coronavírus, somos bombardeados precisamente pelo imperativo de não tocar os outros, mas isolar a nós mesmos, manter uma distância corpórea adequada. O que isso significa quanto ao "não me toques"? As mãos não podem alcançar a outra pessoa, é só de dentro de nós mesmos que conseguimos nos aproximar dos outros – e as janelas para nosso "interior" são nossos olhos. Nestes dias, quando você encontra alguém próximo (ou mesmo um estranho) e mantém uma distância adequada, um olhar profundo nos olhos do outro pode revelar mais que um toque íntimo. Em um de seus fragmentos escritos na juventude, Hegel disse: "O ser amado (*der Geliebte*) não está em oposição a nós, ele é um com nosso ser; só vemos a nós mesmos por meio dele, e assim ele já não é mais um *nós* – uma charada, um milagre (*ein Wunder*), que não somos capazes de compreender"[1].

É crucial não interpretar essas duas proposições em oposição, como se o ser amado fosse parcialmente um "nós", parte de mim mesmo, e parcialmente uma charada. O milagre do amor não é justamente que você é parte de minha identidade bem na medida em que permanece um milagre que não sou capaz de compreender, uma charada não apenas para mim, mas também para você mesmo? Para citar outra passagem conhecida do jovem Hegel: "O ser humano é essa noite, esse nada vazio, que contém tudo em sua simplicidade; um riqueza inesgotável de representações, imagens, das quais nenhuma pertence a ele – ou está presente. Tem-se um vislumbre dessa noite quando se olha no olho dos seres humanos"[2].

Nenhum coronavírus pode tirar isso de nós – então, há esperança de que o distanciamento corporal irá inclusive

---

[1] "*Der Geliebte ist uns nicht entgegengesetzt, er ist eins mit unserem Wesen; wir sehen nur uns in ihm, und dann ist er doch wieder nicht wir – ein Wunder, das wir nicht zu fassen vermögen.*" G. W. F. Hegel, "Entwürfe über Religion und Liebe," em *Frühe Schriften, Werke 1* (Frankfurt, Suhrkamp, 1986), p. 244.

[2] Idem, "Jenaer Realphilosophie", em *Frühe politische Systeme* (Frankfurt, Ullstein, 1974), p. 204.

fortalecer a intensidade de nossos vínculos com os outros. É somente agora, quando sou obrigado a evitar muitos daqueles que me são próximos, que tenho a experiência plena da presença deles, da importância deles para mim... Já posso ouvir aqui uma risada cínica: "Ok, talvez haverá momentos como esses de proximidade espiritual, mas como isso nos ajudará a lidar com a catástrofe em curso? Aprenderemos algo com ela?".

Hegel escreveu que a única coisa que podemos aprender com a história é que não aprendemos nada com a história, então duvido que a epidemia nos deixará mais sábios. A única coisa que está clara é que ela irá estilhaçar os próprios fundamentos de nossa vida, provocando não apenas uma imensa quantidade de sofrimento, mas também um caos econômico possivelmente pior que o da Grande Recessão. Não há retorno ao normal, o novo "normal" terá de ser construído sobre as ruínas de nossa antiga vida, ou nos encontraremos em uma nova barbárie cujos sinais já estão ficando cada vez mais perceptíveis. Então, não bastará tratarmos a epidemia como um acidente infeliz, nos livrar de suas consequências e retornar ao funcionamento tranquilo do velho sistema. Será preciso levantar a pergunta-chave: o que há de errado em nosso sistema atual para sermos pegos despreparados por essa catástrofe, apesar de os cientistas estarem há anos nos alertando sobre ela? Fornecer uma resposta a essa questão demandará muito mais que apenas novas formas de atendimento de saúde global.

6
A SITUAÇÃO É GRAVE DEMAIS PARA PERDERMOS TEMPO ENTRANDO EM PÂNICO!

Nossa mídia agora sempre reitera a fórmula "Não entrem em pânico!" logo antes de noticiar uma série de dados que só podem deflagrar em nós um estado de pânico. Tudo isso me lembra de uma situação recorrente de meu tempo de juventude. Cresci em um país comunista, e sempre que os oficiais do governo vinham a público nos assegurar de que não havia motivo para entrar em pânico, todos imediatamente interpretavam esses apelos como sinais claros de que eles mesmos estavam em pânico.

O pânico possui uma lógica própria. Com o pânico em torno da epidemia do coronavírus, temos visto que até os rolos de papel higiênico passaram a desaparecer das prateleiras de supermercados do Reino Unido e de várias outras partes do mundo. Esse fenômeno ecoa outra lembrança esquisita de meus tempos de juventude na Iugoslávia socialista, também envolvendo papel higiênico. De repente, começou a circular um boato de que não havia mais papel higiênico suficiente nas lojas. As autoridades prontamente emitiram comunicados assegurando a população de que havia, sim, papel higiênico suficiente para o consumo normal de todos – e, por incrível que pareça, isso não apenas era verdade, como as pessoas em larga medida acreditaram efetivamente no que dizia o governo.

No entanto, um consumidor médio raciocinou da seguinte maneira: "Ora, eu sei bem que há papel higiênico suficiente e que o boato é falso, mas e se algumas pessoas levarem o boato a sério e, em pânico, começarem a comprar reservas excessivas de papel higiênico, provocando assim uma verdadeira escassez do produto? Nesse sentido, é melhor eu me garantir e estocar quanto mais rolos eu conseguir…". Veja, não é sequer necessário acreditar que algumas pessoas podem ter levado o boato a sério. Basta supor que há quem acredite que há pessoas que podem ter levado o boato a sério. O efeito é o mesmo: uma falta real de papel higiênico nas lojas. Não poderíamos dizer que há algo parecido ocorrendo hoje no Reino Unido (também na Califórnia e em outras partes do mundo)?

A estranha contrapartida desse tipo de pânico excessivo atualmente em curso é a total falta de pânico lá onde ele seria plenamente justificado. Nos últimos anos, depois das epidemias da Sars e do ebola, nos foi dito repetidas vezes que o surgimento de uma epidemia nova e muito mais potente seria só uma questão de tempo, e não deveríamos questionar *se* ela vai ocorrer, mas *quando*. Embora estivéssemos racionalmente convencidos da verdade dessas previsões terríveis, de alguma forma não as levamos a sério e relutamos em agir e levar a cabo os devidos preparativos – o único lugar no qual lidamos com essas perspectivas foi em filmes apocalípticos como *Contágio* (2011), dirigido por Steven Soderbergh.

O que essa discrepância revela é que o pânico não é uma forma apropriada de enfrentar uma ameaça real. Quando reagimos em pânico, não estamos levando a ameaça demasiadamente a sério. Pelo contrário: estamos trivializando sua existência. Pare para pensar quão ridícula é a atitude de estocar montanhas de papel higiênico: como se ter papel higiênico suficiente em casa fizesse alguma diferença em meio a uma epidemia mortífera... Mas o que seria uma reação apropriada à epidemia do coronavírus? O que devemos aprender e o que devemos fazer para enfrentá-la seriamente?

Quando sugeri que a epidemia em curso poderia dar novo ímpeto de vida ao comunismo[1], minha proposta foi, como era de se esperar, ridicularizada. Por mais que possa parecer que a abordagem firme adotada pelo Estado chinês diante da crise tenha efetivamente funcionado (ou pelo menos funcionado melhor do que o que ocorre agora na Itália), a velha lógica autoritária dos comunistas no poder também demonstrou claramente suas limitações. Uma delas é que o medo de trazer más notícias a quem está no poder (e ao público em geral) acaba pesando mais que os resultados efetivos. Foi por esse motivo que aqueles que originalmente noticiaram a existência de um novo vírus acabaram presos. E há relatos de algo semelhante ocorrendo agora.

---

[1] Ver o capítulo 4 deste volume. (N. E.)

A pressão de fazer com que a China volte ao trabalho depois da paralisação geral por conta do coronavírus está reavivando uma velha tentação: adulterar dados de modo que eles mostrem a oficiais superiores o que eles querem ver. Esse fenômeno está se desenrolando na província de Zhejiang, um polo industrial na costa leste, na forma de uso da eletricidade. Ao menos três cidades de lá ultrapassaram metas a serem cumpridas por fábricas locais em termos de consumo de energia, pois estão usando os dados para demonstrar uma retomada da produção, segundo pessoas familiarizadas com o assunto. Isso instou algumas empresas a rodar as máquinas mesmo com as linhas de produção vazias, disseram.[2]

Já dá para adivinhar o que deve ocorrer quando esse tipo de trapaça chegar ao conhecimento daqueles no poder: gestores locais serão acusados de sabotagem e sofrerão punições severas, reproduzindo assim o círculo vicioso da desconfiança... Seria necessário um Julian Assange chinês para expor ao público esse lado oculto de como a China está lidando com a epidemia. Mas, afinal, se esse não é o tipo de comunismo que tenho em mente, o que quero dizer quando falo em comunismo? Para entender, basta ler as declarações públicas da Organização Mundial de Saúde (OMS). Aqui vai uma recente:

---

[2] "China's Push to Restart Economy Revives Data Worries", *Bloomberg News*, 1º mar. 2020. Disponível em: <https://www.bloomberg.com/news/articles/2020-03-01/china-s-push-to-jump-start-economy-revives-worries-of-fake-data>; acesso em: 2 abr. 2020.

O diretor-geral da OMS, dr. Tedros Adhanom Ghebreyesus, afirmou nesta quinta-feira que, embora as autoridades de saúde pública de todo o mundo possuam a capacidade de efetivamente combater a disseminação do vírus, a organização demonstra preocupação diante do fato de que, em alguns países, o nível de comprometimento político não está à altura do patamar da ameaça. "Essa não é uma simulação. Essa não é a hora de desistir. Esse não é um momento para desculpas. Esse é um momento de fazer absolutamente tudo o que for possível. Países vêm traçando planos para cenários como este há décadas. Agora é a hora de agir com base nesses planos", disse Tedros. "Essa epidemia pode ser revertida, mas somente por meio de uma abordagem coletiva, coordenada e abrangente, que mobilize toda a máquina do governo".[3]

Poderíamos ainda acrescentar que tal abordagem abrangente deve ir muito além da máquina de governos individuais: ela deve englobar tanto a mobilização local de pessoas fora do controle estatal como a coordenação e colaboração fortes e eficientes em nível internacional. Se milhares de pessoas tiverem de ser hospitalizadas por conta de problemas respiratórios, será necessário um número incrivelmente maior de aparelhos respiradores. Para

---

[3] Joshua Berlinger, "WHO warns governments 'this is not a drill' as coronavirus infections near 100,000 worldwide", *CNN*, 6 mar. 2020. Disponível em: <https://edition.cnn.com/2020/03/06/asia/coronavirus-covid-19-update-who-intl-hnk/index.html>; acesso em: 2 abr. 2020.

obtê-los, o Estado deve intervir diretamente, da mesma forma que faz em condições de guerra, quando são necessários milhares de armamentos, e deve poder contar inclusive com a cooperação de outros Estados. Como em uma operação militar, as informações devem ser compartilhadas e os planos, totalmente coordenados – é apenas isso que quero dizer quando falo no "comunismo" exigido hoje. Ou, como colocou Will Hutton: "Agora, uma determinada forma de globalização, desregulada, de livre mercado, propensa a crises e a pandemias, está certamente morrendo. Mas está nascendo outra forma de globalização, que reconhece interdependência e primazia da ação coletiva amparada em evidências". A postura predominante ainda hoje é "cada país por si". "Há proibições nacionais sobre a exportação de produtos-chave como suprimentos médicos, países tendo que recorrer às próprias análises da crise em meio a escassezes localizadas, e abordagens primitivas, aleatórias, em relação à contenção."[4]

A epidemia do coronavírus não assinala apenas o limite da globalização de mercado; ela assinala também o limite ainda mais fatal do populismo nacionalista que insiste na soberania plena de Estado. Não custa repetir: acabou o "América (ou quem quer que seja) em primeiro

---

[4] Will Hutton, "Coronavirus won't end globalisation, but change it hugely for the better", *The Guardian*, 8 mar. 2020. Disponível em: <https://www.theguardian.com/commentisfree/2020/mar/08/the-coronavirus-outbreak-shows-us-that-no-one-can-take-on-this-enemy-alone>; acesso em: 2 abr. 2020.

lugar!", visto que a América só pode ser salva por meio de coordenação e colaboração globais. Não estou sendo utópico, não recorro a uma solidariedade idealizada entre os povos. Pelo contrário: a atual crise demonstra claramente como solidariedade e cooperação globais interessam à sobrevivência de cada um de nós, como essa é a única coisa egoísta racional a se fazer. E não se trata apenas da crise do coronavírus: a própria China enfrentou as consequências de uma enorme gripe suína alguns meses atrás e agora é ameaçada pela perspectiva de uma invasão de gafanhotos. Além disso, como assinalou Owen Jones, a crise climática mata mais pessoas no mundo que o coronavírus, mas não se vê nenhum pânico em torno disso[5].

De um ponto de vista vitalista cínico, seria tentador enxergar o coronavírus como uma infecção benéfica que permite à humanidade se livrar dos fracos, dos idosos e dos doentes, contribuindo, assim, à saúde global, como alguém que arranca as ervas semipodres de uma horta. A abordagem comunista ampla que estou defendendo é a única forma de realmente abandonar esse tipo de perspectiva vitalista primitiva. Nos debates em curso, já é possível identificar sinais de uma retração da solidariedade incondicional, como no seguinte comentário a respeito

---

[5] Owen Jones, "Why don't we treat the climate crisis with the same urgency as coronavirus?", *The Guardian*, 5 mar. 2020. Disponível em: <https://www.theguardian.com/commentisfree/2020/mar/05/governments-coronavirus-urgent-climate-crisis>; acesso em: 2 abr. 2020.

do papel dos "três homens sábios" se a epidemia tomar uma feição mais catastrófica no Reino Unido:

> Pacientes do Serviço Nacional de Saúde (NHS) podem não receber cuidados de salvamento se as unidades de cuidado intensivo estiverem batalhando para dar conta da demanda durante um surto severo de coronavírus na Inglaterra, alertam médicos. Sob um protocolo assim chamado de "os três homens sábios", três consultores seniores de cada hospital seriam obrigados a tomar decisões a respeito de racionamento de recursos de cuidado, tais como respiradores e leitos, caso os hospitais fiquem sobrecarregados de pacientes.[6]

Em quais critérios esses "três homens sábios" se baseariam? Sacrificar os mais fracos e os mais idosos? Essa situação não abriria um espaço imenso para corrupção? Não poderíamos dizer que procedimentos como esse indicam que estamos nos preparando para decretar a mais brutal lógica da sobrevivência do mais apto? Então, mais uma vez, a escolha em última instância é entre isso e alguma forma de comunismo reinventado.

---

[6] Shaun Lintern, "Coronavirus: weakest patients could be denied lifesaving care due to lack of funding for NHS, doctors admit", *The Independent*, 26 fev. 2020. Disponível em: <https://www.independent.co.uk/news/health/coronavirus-uk-deaths-nhs-intensive-care-flu-wise-men-protocol-a9361916.html>; acesso em: 2 abr. 2020.

7
O CORONAVÍRUS E OS REFUGIADOS NA EUROPA

Uma tempestade perfeita ocorre quando uma rara combinação de circunstâncias díspares produz um acontecimento de extrema violência. Em um caso assim, uma sinergia de forças libera uma energia muito maior que a mera somatória de seus elementos contribuintes individuais. O termo foi popularizado pelo *best-seller* homônimo de não ficção escrito por Sebastian Junger em 1997. O livro trata de uma combinação extremamente improvável que, em 1991, atingiu a costa noroeste dos Estados Unidos: um sistema de alta pressão vindo dos Grandes Lagos encontrou ventos de tempestade sobre uma ilha do Atlântico (a ilha Sable) e colidiu com um sistema climático vindo do Caribe (o furacão Grace). O relato de Junger concentra-se na tripulação do pesqueiro *Andrea Gail*, que desapareceu em uma onda enorme.

Em função de seu caráter global, a epidemia em curso do coronavírus geralmente suscita o comentário de que agora estamos todos no mesmo barco[1]. Mas há sinais

---

[1] Ver o capítulo 2 deste volume. (N. E.)

indicando que o "barco" chamado Europa se aproxima muito mais rapidamente que os demais do destino do *Andrea Gail*. Há três tempestades se formando e juntando forças sobre a Europa. As duas primeiras não são específicas do continente: a epidemia do coronavírus e seu impacto físico direto (quarentenas, sofrimento e morte) e seus efeitos econômicos, que serão piores na Europa que em outros lugares, visto que o continente já está em processo de estagnação, além de depender mais de importações e exportações que outras regiões do mundo (a indústria automobilística é a espinha dorsal da economia alemã, e a exportação de carros de luxo para a China já está paralisada, e assim por diante). A essas duas tempestades, temos que acrescentar agora a terceira, que podemos denominar "vírus Putogan": a nova explosão de violência na Síria entre a Turquia e o regime Assad (diretamente apoiado pela Rússia). Ambos os lados exploram com frieza o sofrimento de milhões de pessoas desalojadas a fim de auferir ganhos políticos próprios.

Quando a Turquia começou a exigir que milhares de imigrantes partissem para a Europa, chegando a organizar o transporte deles para a fronteira grega, Erdogan justificou essa medida com base em motivações pragmáticas humanitárias: a Turquia não teria mais condições de sustentar o número crescente de refugiados... Essa desculpa é cínica a ponto de cair o queixo: ela ignora como a própria Turquia participa da guerra civil síria, apoiando uma facção contra a outra, sendo assim fartamente responsável pelo fluxo de refugiados. Agora, a Turquia quer que a Europa divida o fardo dos refugiados, isto é, pague o preço por suas políticas impiedosas. A "solução" à crise envolvendo os curdos na Síria – com a Turquia e a Rússia impondo uma falsa paz para que cada um controle seu próprio lado – está agora desmoronando, mas a Rússia e a Turquia permanecem em posição ideal para exercer pressão sobre a Europa: os dois países controlam o fornecimento de petróleo ao continente, bem como o fluxo de refugiados, de modo que eles podem usar ambos em conjunto como formas de chantagear a Europa.

A dança demoníaca que valseia de conflito a aliança entre Erdogan e Putin não deve nos enganar: ambos os extremos são parte do mesmo jogo geopolítico travado à custa do povo sírio. Não é só que nenhum dos lados se importa com o sofrimento dos sírios, ambos ativamente exploram esse sofrimento. O que não pode deixar de chamar atenção é a semelhança física entre Putin e Erdogan, que cada vez mais representam duas versões de um mesmo regime político, duas manifestações de uma mesma figura, chamada Putogan.

Devemos, portanto, evitar o jogo de perguntar quem é mais responsável, Erdogan ou Assad em conjunto com Putin – ambos são piores e devem ser tratados como aquilo que são: criminosos de guerra que se valem do sofrimento de milhões de pessoas e do desmantelamento de um país para implacavelmente levar a cabo seus objetivos, entre os quais está a destruição de uma Europa unida. Além disso, eles o fazem em meio a uma epidemia global (utilizando assim o medo da pandemia como forma de levar a cabo seus objetivos militares), isto é, em um momento no qual a cooperação global é mais urgente que nunca. Se o mundo tivesse um senso mínimo de justiça, só haveria um lugar para eles: o Tribunal de Haia.

Agora podemos ver como a combinação de três tempestades forma uma tempestade perfeita: uma nova onda de refugiados organizada pela Turquia pode ter consequências catastróficas neste momento de epidemia do coronavírus. Uma das coisas boas da epidemia (além do simples fato de que ela nos conscientizou para a necessidade de cooperação global) é que ao menos ela não estava sendo atribuída a imigrantes e a refugiados – o racismo operava principalmente na percepção de que a ameaça provinha do Outro oriental. Mas, se os dois fatores se misturarem, e os refugiados passarem a ser associados à epidemia (e certamente haverá também casos de coronavírus entre refugiados, basta pensar nas condições dos campos abarrotados), os racistas populistas farão a festa, pois poderão passar a justificar suas políticas de exclusão dos estrangeiros com argumentos médicos "científicos". Qualquer tentativa à Merkel de permitir o influxo de refugiados deflagrará uma reação de pânico e medo, e a Hungria (como declarou Viktor Orbán em discurso recente) efetivamente se tornará o modelo para a Europa inteira.

Para evitar essa catástrofe, a primeira coisa a fazer é algo quase impossível: fortalecer a unidade operacional da Europa, especialmente a coordenação entre França e Alemanha. Em seguida, com base nessa unidade, a Europa deve *agir* sem nenhuma vergonha. Em um debate televisivo recente, Gregor Gysi, figura-chave do partido alemão Die Linke, deu uma bela resposta a um sujeito anti-imigração que insistia agressivamente que ele não sentia nenhuma responsabilidade em relação à pobreza e aos horrores sofridos pelos países de Terceiro Mundo, e que, em vez de gastar mais dinheiro para ajudá-los, nossos governos deveriam apenas se responsabilizar pelo bem-estar dos próprios cidadãos. A resposta de Gysi, em linhas gerais, foi a seguinte: se não nos responsabilizarmos pelo bem-estar dos pobres do Terceiro Mundo e não agirmos com isso em vista, eles vão acabar vindo para cá (precisamente o que o sujeito anti-imigração combate de modo ferrenho). Por mais cínica e antiética que essa resposta possa parecer, ela é muito mais apropriada que o humanitarismo abstrato: tal apelo humanitário a nossa generosidade e a nosso sentimento de culpa ("devemos abrir o coração para eles, também porque a causa última do sofrimento deles é o racismo e o colonialismo europeus") é uma medida desesperada para efetivamente não mudar nada, para manter a mesma ordem com uma face humana. Precisamos de muito mais que isso hoje.

8
POR QUE ESTAMOS SEMPRE CANSADOS?

A epidemia do coronavírus nos confronta com duas figuras opostas que prevalecem em nossa vida cotidiana: por um lado, aqueles que estão com uma sobrecarga imensa de trabalho a ponto de exaustão (profissionais de saúde, cuidadores etc.) e aqueles que não tem nada para fazer, pois estão forçosa ou voluntariamente confinados em seus lares. Como alguém pertencente à segunda categoria, eu me sinto obrigado a utilizar essa condição para propor uma breve reflexão a respeito das diferentes maneiras pelas quais podemos nos sentir cansados. Vou ignorar o paradoxo evidente de como a própria inatividade forçada também cansa, então permita-me começar com o filósofo Byung-Chul Han, que forneceu uma leitura sistemática de como e por que vivemos em uma "sociedade do cansaço"[1]. Aqui vai uma sinopse curta da obra-prima dele, que copiei direto da Wikipédia, sem nenhuma vergonha:

---

[1] Ver Byung-Chul Han, *The Burnout Society* (Redwood City, Stanford University Press, 2015) [ed. bras.: *Sociedade do cansaço*, trad. Enio Paulo Giachini, Petrópolis, Vozes, 2015].

Movidos pela demanda de perseverar e não fracassar, bem como pela ambição da eficiência, nos tornamos sujeitos ao mesmo tempo do comprometimento e do sacrifício e adentramos uma espiral de demarcação, autoexploração e colapso. "Quando a produção é imaterial, todo mundo detém os meios de produção de si. O sistema neoliberal não é mais um sistema de classes propriamente dito. Ele não consiste em classes que apresentam antagonismo mútuo. Daí a estabilidade do sistema." Han defende que os sujeitos se tornam autoexploradores: "Hoje, cada um é um trabalhador autoexplorador em sua própria empresa. As pessoas são agora ao mesmo tempo senhor e escravo. Até mesmo a luta de classes converteu-se em uma luta interna contra si mesmo". Os indivíduos tornaram-se aquilo que Han denomina "sujeitos-realização"; eles não acreditam ser "sujeitos" subjugados, mas "projetos em constante remodelação e reinvenção", o que "culmina em uma forma de compulsão e coação – de fato, em um tipo mais eficiente de subjetivação e subjugação. Como um projeto que se considera livre de limitações externas e alienígenas, o Eu está agora subjugando a si mesmo conforme limitações internas e autoamarras, que assumem a forma de conquistas e otimização compulsivas.[2]

---

[2] Ver o artigo da Wikipédia sobre Byung-Chul Han. Disponível em: <https://en.wikipedia.org/wiki/Byung-Chul_Han>; acesso em: 2 abr. 2020.

Embora Han ofereça sacadas perspicazes a respeito do novo modo de subjetivação, com as quais podemos aprender muito (o que ele identifica é a figura atual do superego), eu, não obstante, penso que é preciso pontuar algumas observações críticas. Primeiro, as limitações e amarras definitivamente não são apenas internas: há novas regras estritas de comportamento sendo impostas, em especial entre os membros da nova classe "intelectual". Basta pensar, por exemplo, nas amarras politicamente corretas que formam uma esfera especial de "luta contra si mesmo" em relação às tentações "incorretas". Ou vejam o seguinte caso de uma limitação muito externa: alguns anos atrás, Udi Aloni organizou a ida a Nova York do grupo palestino de Jenin, The Freedom Theatre, e uma reportagem a respeito da visita para o *The New York Times* quase deixou de ser publicada. Pediram que Aloni indicasse sua publicação mais recente para a matéria, e ele citou um volume que havia editado. O problema era que a palavra "binacional" constava no subtítulo do livro. Com medo de indispor os israelenses, o jornal exigiu que a palavra fosse deletada, caso contrário a matéria não seria publicada…

Um exemplo parecido, mais recente: a escritora inglesa-paquistanesa Kamila Shamsie escreveu o romance *Home Fire*, uma versão modernizada muito bem-sucedida de *Antígona*, que recebeu vários prêmios internacionais, entre os quais o prêmio Nelly Sachs, concedido pela cidade de Dortmund. No entanto, quando se soube que ela apoiava o movimento BDS (Boicote, Desinvestimento e Sanções), o prêmio lhe foi retroativamente revogado com a explicação de que, quando decidiram conceder o reconhecimento a ela, "os membros do júri não tinham consciência de que a autora estava participando das medidas de boicote contra o governo de Israel por conta de suas políticas em relação à Palestina desde 2014"[3]. É aqui que estamos hoje: Peter Handke recebe tranquilamente o Nobel de Literatura, apesar de apoiar as operações militares sérvias na Bósnia, mas apoiar um protesto pacífico contra a política de Israel na Cisjordânia te exclui da esfera dos prêmios.

Em segundo lugar, a nova forma de subjetividade descrita por Han é condicionada pela nova etapa do capitalismo global, que permanece um sistema de classes com desigualdades crescentes – lutas e antagonismos não podem de forma alguma ser reduzidos à dimensão intrapessoal da "luta contra si mesmo". Ainda existem milhões de trabalhadores manuais em países de Terceiro Mundo, e há diferenças enormes entre os diferentes tipos de trabalhadores imateriais (basta mencionar a esfera crescente de "serviços humanos" como cuidadores de idosos). Há um abismo que separa o executivo de alto escalão que possui e gere uma empresa do trabalhador precário que passa seus dias sozinho em casa em frente ao computador

---

[3] Mustafa Abu Sneineh, "Kamila Shamsie stripped of German literary prize over support for BDS", *Middle East Eye*, 18 set. 2020. Disponível em: <https://www.middleeasteye.net/news/german-city-reverse-prize-uk-author-kamila-shamsie-over-support-bds>; acesso em: 2 abr. 2020.

– eles definitivamente não são simultaneamente senhor e escravo no mesmo sentido.

Muito se tem escrito a respeito de como o velho modo de trabalho na linha de produção fordista teria sido substituído por uma nova modalidade de trabalho cooperativo de criação que deixa muito mais espaço para a inventividade individual. No entanto, o que está efetivamente ocorrendo não é tanto uma substituição, mas uma terceirização: o trabalho na Microsoft e na Apple pode ser organizado de maneira cooperativa, mas os produtos finais são montados de maneira bastante fordista na China ou na Indonésia – o trabalho do chão de fábrica na linha de produção foi simplesmente terceirizado para fora do país. Assim, ficamos com uma nova divisão do trabalho: trabalhadores autoempregados e autoexplorados (descritos por Han) no Ocidente desenvolvido, trabalho debilitante na linha de produção no Terceiro Mundo, além da esfera crescente de trabalhadores de cuidado humano em todas as suas formas (cuidadores, garçons etc.), em que também abunda a exploração. Somente o primeiro grupo (trabalhadores autônomos, geralmente precários) se encaixa na descrição de Han.

A cada um dos três grupos corresponde uma modalidade específica de cansaço e sobretrabalho. O trabalho de chão de fábrica na linha de produção é simplesmente debilitante em sua repetitividade – você fica desesperadamente cansado de tanto montar o mesmo iPhone atrás de uma mesa em uma fábrica da Foxconn localizada em um subúrbio de Xangai. Em contraste com esse cansaço, o que faz do trabalho de cuidado humano algo tão cansativo é justamente o fato de que você é pago (também) para demonstrar verdadeira afeição em seu trabalho, como se você realmente se importasse com seus "objetos" de trabalho: uma pessoa que trabalha em um jardim de infância também recebe para demonstrar afeto sincero pelas crianças, e o mesmo vale para aqueles que cuidam de idosos aposentados etc. Dá para imaginar o estresse de ter de "ser gentil" o tempo inteiro? Em contraste com essas duas esferas, em que ao menos podemos manter algum tipo de distância interior em relação àquilo que estamos fazendo (mesmo quando é esperado que tratemos uma criança com afeto e gentileza, ainda podemos simplesmente fingir fazê-lo), a terceira esfera demanda algo ainda mais cansativo. Imagine que sou contratado para elaborar como divulgar ou embalar um produto a fim de seduzir as pessoas a comprarem-no – mesmo que eu pessoalmente não me importe com isso ou, ainda, odeie a ideia, preciso mobilizar de maneira um tanto intensa aquilo que só poderíamos chamar de criatividade na tentativa de encontrar soluções originais, e um esforço desse tipo pode me exaurir muito mais que um trabalho repetitivo de linha de produção. Esse é o tipo específico de cansaço ao qual Han está se referindo.

Mas não são apenas os trabalhadores precários trabalhando em frente a suas telas de computador em casa que ficam exaustos de tanta autoexploração. É preciso mencionar aqui outro grupo, geralmente denominado a partir da traiçoeira expressão "trabalho criativo de equipe"[4]. Isto é, trabalhadores dos quais se esperam funções de empreendedorismo – em nome dos gestores superiores ou dos próprios donos, eles lidam "criativamente" com a organização social da produção e sua distribuição. O papel desses grupos é ambíguo. Por um lado, "ao se apropriar das funções de empreendedorismo, os trabalhadores lidam com o caráter e o significado sociais de seu trabalho na forma restrita da lucratividade. [...] A habilidade de organizar o trabalho e a cooperação conjunta de maneira eficiente e econômica, e pensar a respeito do caráter socialmente útil do trabalho, é e sempre será útil para a humanidade"[5]. Ao mesmo tempo, eles estão fazendo isso sob as condições de uma subordinação permanente ao capital, isto é, com o objetivo de tornar a empresa mais eficiente e lucrativa. É essa tensão que torna o "trabalho criativo de equipe" tão exaustivo: as pessoas deste grupo são responsabilizadas pelo sucesso financeiro da empresa, e seu trabalho de equipe envolve ainda a concorrência entre eles próprios e com outros grupos. Trata-se de trabalhadores pagos para realizar a tarefa que tradicionalmente pertencia aos capitalistas enquanto organizadores do processo de trabalho,

---

[4] Ver Stephan Siemens e Martina Frenzel, *Das unternehmerische Wir* (Hamburgo, VSA, 2014).

[5] Eva Bockenheimer, "Where Are We Developing the Requirements for a New Society", em Victoria Fareld e Hannes Kuch (orgs.), *From Marx to Hegel and Back* (Londres, Bloomsbury, 2020), p. 209.

então em certo sentido eles ficam com o pior dos dois mundos: as preocupações e as responsabilidades da gestão e a insegurança em relação ao futuro própria dos trabalhadores assalariados – a situação mais estressante que se pode imaginar.

Também devemos notar como as divisões de classe adquiriram uma nova dimensão em meio ao pânico do coronavírus. Somos bombardeados por apelos para trabalharmos de casa, na segurança do isolamento – mas quem de fato pode fazer isso? Trabalhadores intelectuais precários e gestores capazes de cooperar por meio de teleconferências e outras formas de conexões digitais, de modo que, até mesmo em quarentena, nosso trabalho continua de modo mais ou menos tranquilo (talvez até ganhemos mais tempo para "explorar a nós mesmos"). Mas e aqueles cujo trabalho precisa acontecer fora de casa, em fábricas e no campo, em lojas, hospitais e no transporte público? Muitas coisas precisam continuar funcionando na insegurança do lado de fora para que eu possa sobreviver na minha quarentena...

Em último lugar, mas não menos importante, devemos evitar a tentação de condenar a autodisciplina rigorosa e a dedicação estrita ao trabalho, propagando a postura do "Só pega leve!". *Arbeit macht frei!* [O trabalho liberta!] ainda é o lema correto, embora os nazistas tenham feito dele um mau uso brutal. Sim, há trabalho duro e exaustivo para muitos que lidam com os efeitos da epidemia – mas se trata de um trabalho dotado de sentido, feito em benefício da comunidade e que traz sua própria satisfação, não o esforço estúpido de ter êxito no mercado. Quando um profissional de saúde fica esgotado de tanto trabalhar horas extras, quando um cuidador fica exausto, eles estão cansados de uma forma que é totalmente diferente da exaustão própria de estar obcecado com subir na carreira.

9
POR UMA FILOSOFIA VIRAL?

Muitos comentaristas liberais e de esquerda notaram como a epidemia do coronavírus serve de pretexto para justificar medidas de controle e regulação populacionais que até então eram impensáveis em qualquer sociedade democrática ocidental – afinal, o *lockdown* completo realizado na Itália não é um sonho de consumo totalitário? Não é à toa que (pelo menos ao que parece agora) foi a China, que já praticava amplamente formas de controle social digitalizado, que mostrou estar mais bem equipada para lidar com epidemias catastróficas. Isso significa dizer que, ao menos em certos quesitos, a China representaria nosso futuro? Estaríamos nos aproximando de um estado de exceção global, de forma que as análises de Giorgio Agamben passam a adquirir uma atualidade renovada?

Não é por acaso que o próprio Agamben tenha chegado a essa conclusão: ele reagiu à epidemia do coronavírus de uma forma radicalmente diferente da maior parte dos comentaristas[1]. Criticando as "medidas de emergência

---

[1] Giorgio Agamben, "L'invenzione di un'epidemia" [A invenção de uma epidemia], *Quodlibet*, 26 fev. 2020. Disponível

frenéticas, irracionais e absolutamente injustificadas adotadas diante de uma suposta epidemia de coronavírus", que não passaria de outra forma de gripe, ele se perguntou: "Por que a mídia e as autoridades se esforçam tanto para criar um clima de pânico, acarretando assim um verdadeiro estado de exceção, com severas limitações sobre o movimento e a suspensão da vida cotidiana e sobre atividades de trabalho em regiões inteiras?".

Agamben avalia que o principal motivo por trás dessa "resposta desproporcional" se encontra na "tendência crescente de utilizar *o estado de exceção como um paradigma normal de governo*". As medidas impostas permitem que o governo restrinja seriamente nossas liberdades por decreto executivo. Nas palavras dele: "É patente que essas restrições são desproporcionais à ameaça representada por aquilo que, de acordo com o NRC, é uma gripe normal, não muito diferente daquelas que nos afetam todo ano. [...] Podemos dizer que uma epidemia oferece o pretexto ideal para se ampliar em tais medidas para além de qualquer limite". O segundo motivo é "o estado de medo, que nos últimos anos se imiscuiu nas consciências individuais e que se traduz em uma verdadeira necessidade de *estados de pânico coletivo*, para os quais a epidemia, novamente, oferece o pretexto ideal".

Agamben está descrevendo um importante aspecto do funcionamento do controle estatal na epidemia em curso,

em: <https://www.quodlibet.it/giorgio-agamben-l-invenzione-di-un-epidemia>; acesso em: 2 abr. 2020.

mas há questões que permanecem em aberto. Por que, afinal, o poder estatal teria interesse em promover um pânico desse nível, visto que ele produz desconfiança diante do próprio Estado ("eles não sabem o que fazer", "não estão fazendo o suficiente" etc.)? E pior: essa conjuntura estorva a reprodução de capital. Será mesmo de interesse do capital e do poder estatal provocar uma crise econômica global a fim de renovar seu domínio? E o que dizer dos sinais claros de que o próprio poder estatal, e não apenas as pessoas comuns, está em pânico, ciente de não ser capaz de controlar a situação – será mesmo que esses sinais não passariam de estratagemas?

A reação de Agamben é apenas a forma extrema de uma posição esquerdista amplamente disseminada de ler o "pânico exagerado" causado pelo alastramento do vírus como uma mistura de, por um lado, exercício de poder de controle social e, por outro, elementos explícitos de racismo ("culpe a natureza ou os chineses"). No entanto, essa interpretação social não faz com que a realidade da ameaça desapareça. Será que essa realidade nos força a restringir nossas liberdades de fato? Quarentenas e medidas semelhantes evidentemente limitam nossa liberdade, e como vimos serão necessários novos Julian Assanges para trazer à tona os eventuais abusos nesse sentido. Mas a ameaça da infecção viral também deu um tremendo embalo a novas formas de solidariedade local e global, além de explicitar a necessidade de controle sobre o próprio poder. As pessoas têm razão em cobrar responsabilidade do poder estatal: "Vocês detêm o poder, então nos mostrem o que podem fazer!". O desafio diante do qual a Europa se encontra agora é provar que as ações da China podem ser realizadas de maneira mais transparente e democrática.

> A China introduziu medidas que a Europa ocidental e os Estados Unidos dificilmente tolerariam – e isso talvez para o próprio prejuízo deles. Dito de maneira direta: é um erro interpretar reflexivamente todas as formas de detecção e modelagem como "vigilância" e todas as formas de governança ativa como "controle social". Precisamos de um vocabulário de intervenção diferente e mais matizado.[2]

Tudo depende desse "vocabulário mais matizado": as medidas exigidas pela epidemia não devem ser automaticamente reduzidas ao paradigma usual de vigilância e controle propagado por pensadores como Michel Foucault. O que eu temo hoje, mais que as medidas implementadas pela China (e pela Itália etc. etc.), é que essas medidas sejam aplicadas de uma forma ineficaz e não consigam conter a epidemia – e, além disso, que as autoridades manipulem e ocultem os verdadeiros dados.

Tanto a *alt-right* quanto a falsa esquerda se recusam a aceitar a realidade plena da epidemia quando amenizam o fenômeno em um exercício de redução social-construtivista – isto é, denunciando-a em nome de seu significado social. Trump e seus partidários repetidamente insistem que a epidemia é um conspiração do Partido Democrata

---

[2] Benjamin Bratton, em comunicação pessoal.

e da China para fazer com que ele perca a eleição. Ao mesmo tempo, alguns na esquerda denunciam as medidas propostas pelos aparatos de Estado e de saúde como manchadas por xenofobia, insistindo assim em apertos de mãos etc. – tal postura desconsidera o seguinte paradoxo: abster-se de apertos de mãos e isolar-se quando necessário *é a forma atual de solidariedade*.

Quem, hoje, poderá se dar ao luxo de trocar apertos de mãos e abraços? Os privilegiados. O *Decamerão* de Boccaccio é composto por histórias contadas por um grupo de sete jovens mulheres e três rapazes abrigados em uma vila em isolamento, nas imediações de Florença, a fim de escapar da praga que recaiu sobre a cidade. A elite financeira vai se recolher em zonas reservadas e se deleitar contando histórias à moda do *Decamerão*, ao passo que nós, pessoas comuns, teremos de conviver com os vírus. (Os ultrarricos já estão zarpando em seu jatinhos particulares para pequenas ilhas exclusivas no Caribe.)

O que é especialmente irritante para mim é como nossa mídia, quando anuncia algum fechamento ou cancelamento, tende a acrescentar uma limitação temporal fixa, a fórmula "escolas ficarão fechadas até o dia 4 de abril". A grande expectativa é que, passado o pico, que deve chegar logo, as coisas voltarão ao normal – nesse sentido, já me informaram que um simpósio universitário do qual participarei foi apenas adiado para setembro... A questão é que, mesmo quando a vida eventualmente voltar ao normal, não será mais o mesmo normal que conhecíamos antes do surto: coisas com as quais nos acostumamos como parte da vida cotidiana não serão mais dadas como certas, teremos de aprender a levar uma vida muito mais frágil, repleta de ameaças constantes. Será preciso mudar completamente nossa postura diante da vida, diante de nossa existência como seres humanos convivendo com outras formas de vida. Em outras palavras, se entendermos "filosofia" como o nome para nossa orientação básica na vida, teremos de passar por uma verdadeira revolução filosófica.

Para tornar este último ponto mais claro, permita--me citar desavergonhadamente uma definição popular de dicionário: os vírus são seres "quaisquer de uma série de agentes infecciosos, geralmente ultramicroscópicos, compostos de ácido nucleico, seja RNA ou DNA, no interior de um invólucro de proteína; eles infectam animais, plantas e bactérias e se reproduzem apenas no interior de células vivas; os vírus são considerados unidades químicas não vivas ou às vezes organismos vivos". Essa oscilação entre vida e morte é crucial: os vírus não estão vivos nem mortos no sentido usual desses termos, eles são uma espécie de fenômeno morto-vivo – um vírus é considerado vivo por conta de seu impulso de se replicar, mas se trata de uma espécie de vida de grau zero, uma caricatura biológica não tanto da pulsão de morte quanto da vida em seu nível mais estúpido de repetição e multiplicação.

No entanto, vírus não são a forma elementar de vida a partir da qual seres mais complexos se desenvolveram; eles são puramente parasitários, replicam a si mesmos infectando cada vez mais mecanismos desenvolvidos (quando um vírus infecta a nós humanos, simplesmente operamos como sua máquina copiadora). É nessa coincidência entre opostos – elementar e parasitário – que reside o mistério dos vírus: eles são um exemplo daquilo que Schelling denominou "*der nie aufhebbare Rest*": um resíduo da forma de vida mais baixa que se manifesta como resultado do mal funcionamento de mecanismos de multiplicação mais elevados e continua a assombrá-los (infectá-los), um resíduo que nunca poderá ser reintegrado como momento subordinado de uma forma de vida mais elevada.

Aqui deparamos com aquilo que Hegel denomina o juízo especulativo, a afirmação da identidade entre o mais elevado e o mais baixo. O exemplo mais conhecido de Hegel é a proposição, feita no contexto de sua análise da frenologia em *Fenomenologia do espírito*, segundo a qual "o espírito é um osso". Nosso exemplo aqui deveria ser: "o espírito é um vírus". Afinal, não poderíamos dizer que o espírito humano também é uma espécie de vírus que parasita o animal humano, explora-o para a autorreprodução e às vezes ameaça destruí-lo? Na medida em que o *meio* do espírito é a linguagem, não devemos nos esquecer que, em seu patamar mais elementar, a linguagem também é algo *mecânico*, uma questão de regras a serem aprendidas e seguidas.

Richard Dawkins alegou que os memes são "vírus da mente", entidades parasitárias que "colonizam" a potência humana, valendo-se dela como forma de se multiplicar

– ideia cujo promotor original foi ninguém menos que Liev Tolstói. Geralmente se considera que Tolstói é um autor bem menos interessante que Dostoiévski; um realista irremediavelmente ultrapassado, para quem basicamente não há lugar na modernidade, em contraste com a angústia existencial do autor de *Crime e castigo*. Talvez, contudo, seja chegada a hora de reabilitar Tolstói em sua plenitude, sua teoria singular da arte e do humano em geral, na qual encontramos ecos dessa noção de Dawkins sobre os memes.

"Uma pessoa é um hominídeo dotado de um cérebro infectado, hospedeiro de milhões de simbiontes culturais, cujos principais viabilizadores são os sistemas simbiontes conhecidos como linguagens."[3] Essa passagem de Dennet não é puro Tolstói? A categoria básica da antropologia de Tolstói é *infecção*: um sujeito humano é um meio vazio passivo infectado por elementos culturais carregados de afetos que, tal como bacilos contagiosos, se disseminam de indivíduo para indivíduo. E Tolstói vai às últimas consequências: ele não opõe a esse alastramento de infecções afetivas uma pretensa autonomia espiritual verdadeira nem propõe uma visão heroica de educar a si mesmo para constituir, ao livrar-se dos bacilos infecciosos, um sujeito ético pleno. A única luta é aquela entre boas e más infecções: o próprio cristianismo é visto como uma infecção, embora – para Tolstói – ela seja benigna.

---

[3] Daniel Dennett, *Freedom Evolves* (Nova York, Viking, 2003), p. 173.

Talvez essa seja a coisa mais perturbadora a aprender com a epidemia viral em curso: quando a natureza nos ataca com vírus, ela está, de certa forma, nos devolvendo nossa própria mensagem. Essa mensagem é: "O que vocês fizeram comigo, eu agora farei com vocês".

10
O QUE NOS AGUARDA É A BARBÁRIE DE ROSTO HUMANO?

Nos últimos dias, às vezes me pego desejando ter logo contraído o coronavírus – assim, isso ao menos poria fim a essa incerteza debilitante... Um sinal claro de como minha ansiedade tem crescido é a forma pela qual estou me relacionando com o sono. Até uma semana atrás, eu aguardava ansiosamente pelo anoitecer, na esperança de enfim poder escapar para o sono e esquecer todos os medos da vida cotidiana... Agora, é quase o oposto: estou com medo de dormir porque os pesadelos me assombram e têm me feito despertar no meio da noite em pânico – pesadelos sobre a realidade que me aguarda.

Que realidade? Ultimamente temos ouvido bastante que são necessárias transformações sociais radicais se de fato quisermos lidar com as consequências da epidemia em curso (eu mesmo me incluo entre aqueles que estão espalhando esse mantra), mas talvez já estejam ocorrendo mudanças radicais. A pandemia do coronavírus nos confronta com algo que considerávamos impossível: ninguém podia imaginar que algo assim realmente viria a ocorrer em nossa vida cotidiana – o mundo que até então conhecíamos parou de girar, países inteiros estão em situação de *lockdown*, muitos de nós estamos confinados a nossos próprios apartamentos (mas há aqueles que não têm sequer condições de se dar ao luxo dessa precaução mínima de segurança), diante de um futuro incerto no qual, ainda que muitos de nós sobrevivam, uma megacrise econômica nos aguarda... O que isso significa é que nossa reação também deve ser fazer o impossível, isto é, o que parece impossível dentro das coordenadas da ordem mundial existente. O impossível aconteceu, nosso mundo parou, *e* precisamos fazer o impossível para evitar o pior...

Mas o que seria esse pior? Não penso que a maior ameaça seja regredirmos a uma situação de barbárie aberta, a uma violência sobrevivencialista brutal marcada por explosões de desordem pública, linchamentos movidos a pânico etc. (Se bem que, com o possível colapso do sistema de saúde e de alguns outros serviços públicos, isso não deixa de ser bastante possível.) O que temo mais que essa barbárie explícita é a barbárie de rosto humano – medidas sobrevivencialistas implacáveis aplicadas com pesar e mesmo com comiseração, mas legitimadas por opiniões de especialistas.

Um observador cuidadoso logo notaria a mudança de tom na maneira pela qual aqueles no poder têm se dirigido a nós: eles não estão apenas tentando projetar tranquilidade e confiança, mas também emitem previsões absolutamente aterradoras com regularidade. Dizem que a pandemia provavelmente levará dois anos para completar seu curso, que o vírus eventualmente infectará de 60% a

70% da população global, cobrando a vida de milhões de pessoas… Em suma, a verdadeira mensagem é que teremos de abrir mão da premissa básica de nossa ética social: o cuidado com fracos e idosos. (A Itália já anunciou que, se as coisas piorarem, pessoas maiores de oitenta anos ou portadoras de doenças graves serão simplesmente abandonadas para morrer.)

Devemos perceber como a aceitação dessa lógica de "sobrevivência do mais apto" viola até mesmo o princípio básico da ética militar, segundo o qual depois da batalha deve-se primeiro cuidar das pessoas com ferimentos graves, ainda que a chance de salvá-las seja mínima. (Porém, sob um olhar mais cuidadoso, isso não deveria nos surpreender em nada, já que os hospitais vêm fazendo a mesma coisa com pacientes com câncer.) Para evitar qualquer mal-entendido, devo dizer que sou um completo realista: defendo inclusive a necessidade de produzir medicamentos capazes de permitir a morte indolor de pessoas terminalmente doentes, para poupá-las de sofrimento desnecessário, mas nosso primeiro impulso não deve ser economizar, e sim ajudar de forma incondicional – independentemente dos custos – aqueles que precisam de ajuda para assegurar sua sobrevivência.

Por isso, eu respeitosamente discordo de Giorgio Agamben, que vê na crise em curso um sinal de que

> nossa sociedade não acredita em mais nada além da vida nua. É óbvio que os italianos estão dispostos a sacrificar praticamente tudo – condições normais de vida, relações sociais, trabalho, e até mesmo amizades, afetos e convicções

políticas e religiosas – diante do perigo de ficarem doentes. A vida nua – e o perigo de perdê-la – não é algo que une as pessoas; é algo que as cega e as separa.[1]

A situação atual é muito mais ambígua: a crise *também* une as pessoas – manter distância corpórea significa demonstrar respeito para com o outro, visto que também podemos eventualmente ser portadores do vírus. Meus filhos agora evitam entrar em contato comigo porque temem me contaminar (o que para eles significaria um mal-estar passageiro para mim poderia ser uma doença fatal).

Nos últimos dias, temos ouvido repetidamente que cada um de nós é pessoalmente responsável e precisa seguir as novas regras. A mídia vive relatando casos de pessoas que desobedeceram e colocaram a si mesmas e outros em perigo (um sujeito que entrou em uma loja e começou a tossir etc.). O problema aqui é o mesmo que se dá com a questão ambiental, diante da qual a mídia não para de enfatizar nossa responsabilidade pessoal ("você reciclou todos os seus jornais usados?" etc.). Tal enfoque na responsabilidade individual, por mais necessária que seja, opera como ideologia a partir do momento que serve para ofuscar a grande questão de como transformar nosso sistema econômico e social como um todo. A luta contra o coronavírus só pode ser travada ao lado da luta

---

[1] Giorgio Agamben, "Clarifications" (trad. Adam Kotsko), *An und für sich*, 17 mar. 2020. Disponível em: <https://itself.blog/2020/03/17/giorgio-agamben-clarifications/>; acesso em: 2 abr. 2020.

contra mistificações ideológicas. Mais que isso, só pode ser travada como parte de uma luta ecológica geral. Nas palavras de Kate Jones, a transmissão de doenças de animais selvagens aos seres humanos é

> um custo oculto do desenvolvimento econômico humano. Há [hoje] tantos de nós, em todo tipo de ambiente. Estamos adentrando locais em larga medida intocados e estamos sendo cada vez mais expostos. Estamos criando hábitats nos quais os vírus podem ser transmitidos com maior facilidade, e depois ficamos surpresos quando surgem novas cepas.[2]

Não basta, portanto, apenas elaborar alguma espécie de sistema global de saúde para os humanos, é preciso incluir também a natureza – os vírus também atacam plantas que são nossas principais fontes de alimentação, como batatas, trigo e azeitonas. Temos sempre de ter em mente o quadro global do mundo em que vivemos, com todos os paradoxos que isso implica. Por exemplo, é bom saber que a paralisação geral da China implementada por conta da epidemia acabou indiretamente salvando um número maior de pessoas que o de mortos pelo coronavírus (se é que podemos confiar nas estatísticas oficiais sobre número de mortos).

---

[2] Citada em John Vidal, "'Tip of the iceberg': is our destruction of nature responsible for covid-19?", *The Guardian*, 18 mar. 2020. Disponível em: <https://www.theguardian.com/environment/2020/mar/18/tip-of-the-iceberg-is-our-destruction-of-nature-responsible-for-covid-19-aoe>; acesso em: 2 abr. 2020.

O economista de recursos ambientais Marshall Burke afirma haver uma correlação comprovada entre a má qualidade do ar e as mortes prematuras ligadas ao respiro desse ar. "Com isso em mente", diz ele, "uma questão que naturalmente decorre – por mais estranha que seja – é se as vidas salvas com essa redução na poluição causada pela paralisação econômica instada pela emergência da covid-19 não ultrapassam o número de mortes decorrentes da própria infecção viral em si. [...] Mesmo assumindo pressupostos muito conservadores, penso que a resposta é claramente sim". Com apenas dois meses de redução nos níveis de poluição, ele diz que, apenas na China, é provável que se tenha evitado a morte de 4 mil crianças com menos de cinco anos de idade e 73 mil adultos maiores de setenta.[3]

Estamos enredados em uma crise tripla. Uma crise médica (a epidemia em si), uma crise econômica (que vai nos acertar em cheio independentemente do desfecho da epidemia) e, por fim, uma crise de saúde mental, a qual não deve ser subestimada. Afinal, as coordenadas básicas do mundo na vida de milhões e milhões de pessoas estão se desintegrando, e a transformação vai afetar

---

[3] Ryan Morrison, "Thousands of lives have been saved in China since the coronavirus outbreak started, claim scientists after lockdowns drive down air pollution around the globe", *DailyMail*, 17 mar. 2020. Disponível em: <https://www.dailymail.co.uk/sciencetech/article-8121515/Global-air-pollution-levels-plummet-amid-coronavirus-pandemic.html>; acesso em: 2 abr. 2020.

tudo, desde voos e férias até contatos corporais básicos. Precisamos aprender a pensar fora das coordenadas do mercado de ações e do lucro, e simplesmente encontrar outra forma de produzir e alocar os recursos necessários. Por exemplo, se as autoridades descobrirem que uma empresa está com milhões de máscaras paradas, aguardando o momento certo para vendê-las, não deveria haver absolutamente qualquer tipo de negociação com essa empresa – as máscaras deveriam ser simplesmente confiscadas.

Noticiou-se recentemente que Donald Trump teria oferecido 1 bilhão de dólares à CureVac, empresa biofarmacêutica sediada em Tubinga, Alemanha, para reservar a vacina contra o novo coronavírus "exclusivamente para os Estados Unidos". O ministro da Saúde alemão, Jens Spahn, garantiu que uma aquisição da CureVac pela gestão Trump estava "fora de cogitação": a CureVac só desenvolveria a vacina "para o mundo todo, não para países individuais". Aqui temos um caso exemplar da luta entre civilização e barbárie. Mas o mesmo Trump teve de invocar o Defense Production Act, que permitiria ao governo a garantia de que o setor privado possa acelerar a produção de suprimentos médicos emergenciais.

> Trump anuncia proposta de tomar controle do setor privado. Segundo a Associated Press, o presidente dos Estados Unidos afirmou que invocara uma provisão federal permitindo ao governo comandar o setor privado em resposta à pandemia. Trump disse que ele assinaria uma medida dando

a si mesmo a autoridade para dirigir a produção industrial doméstica "caso isso seja necessário".[4]

Quando usei a palavra "comunismo" há algumas semanas, no contexto da epidemia do coronavírus, fui ridicularizado. Agora, no entanto, "Trump anuncia proposta de tomar controle do setor privado" – alguém poderia imaginar uma manchete dessas mesmo uma semana atrás? E isso é apenas o começo. Várias medidas desse tipo devem se seguir. E mais: será necessária ainda uma auto-organização local das comunidades se o sistema público de saúde estiver demasiadamente sobrecarregado. Não basta apenas se isolar e sobreviver – para que alguns de nós possam fazer isso, serviços públicos básicos terão de continuar operando: fornecimento de eletricidade, alimentos, medicamentos etc. (Daqui a pouco, precisaremos de uma lista com as pessoas que efetivamente se recuperaram do coronavírus e estão imunes ao menos por um tempo, para que elas possam ser mobilizadas para o trabalho público urgente.) Essa não é uma visão comunista utópica, mas um comunismo imposto pelas necessidade da sobrevivência nua. Trata-se, infelizmente, de uma versão daquilo que, em 1918, na União Soviética, denominou-se "comunismo de guerra".

Como diz o ditado, em uma crise somos todos socialistas. Até mesmo Trump cogita uma forma de renda básica

---

[4] Kevin Rawlinson, "Coronavirus latest: 18 March at a glance", *The Guardian*, 18 mar. 2020. Disponível em: <https://www.theguardian.com/world/2020/mar/18/coronavirus-latest-at-a-glance-wednesday-2020>; acesso em: 2 abr. 2020.

universal: um cheque de mil dólares na mão de cada cidadão adulto. Trilhões serão gastos, violando todas as regras do mercado – mas como, onde e para quem? Será que esse socialismo forçado será um socialismo para os ricos (lembremos o resgate dos bancos feito em 2008, enquanto milhões de pessoas comuns perderam suas economias)? Será que a epidemia vai ser reduzida a outro capítulo da longa e triste história daquilo que Naomi Klein denominou "capitalismo de desastre", ou será que uma nova ordem mundial (mais modesta, talvez, mas também mais equilibrada) poderá surgir dela?

11
Comunismo ou barbárie, simples assim!

De Alain Badiou a Byung-Chul Han[1], passando por muitas outras figuras, tanto à direita quanto à esquerda, fui criticado, até ridicularizado, por evocar repetidamente o comunismo nesse contexto de epidemia do coronavírus. As ideias básicas presentes nessa cacofonia de vozes são facilmente previsíveis: o capitalismo vai voltar de forma ainda mais forte, aproveitando-se do desastre da epidemia para se alavancar; vamos todos acabar aceitando silenciosamente, sob o pretexto da necessidade médica, o controle total de nossa vida pelos aparatos estatais à moda chinesa; o pânico sobrevivencialista é

---

[1] Byung-Chul Han, "Wir dürfen die Vernunft nicht dem Virus überlassen", *Die Welt*, 23 mar. 2020. Disponível em: <https://www.welt.de/kultur/plus206681771/Byung-Chul-Han-zu-Corona-Vernunft-nicht-dem-Virus-ueberlassen.html>; acesso em: 2 abr. 2020 [ed. bras.: "O coronavírus de hoje e o mundo de amanhã, segundo o filósofo Byung-Chul Han", *El País Brasil*, 22 mar. 2020. Disponível em: <https://brasil.elpais.com/ideas/2020-03-22/o-coronavirus-de-hoje-e-o-mundo-de-amanha-segundo-o-filosofo-byung-chul-han.html>; acesso em: 2 abr. 2020].

eminentemente apolítico, ele nos faz enxergar os outros como ameaças mortais, e não como camaradas em uma luta comum... Han ainda acrescenta algumas observações específicas a respeito das diferenças culturais entre o Oriente e o Ocidente. Para ele, os países ocidentais desenvolvidos estão reagindo de maneira exagerada à atual pandemia, pois estavam começando a se acostumar a viver sem inimigos reais, em regimes abertos e tolerantes, e passaram a carecer de mecanismos de imunidade. Por isso, quando uma verdadeira ameaça surgiu, eles caíram em pânico generalizado... Mas será que o Ocidente desenvolvido é mesmo tão permissivo quanto ele se autoproclama? Ameaças de catástrofe ambiental, medo de refugiados islâmicos, defesas surtadas de nossa cultura tradicional contra a população LGBT+ e contra a teoria de gênero – nosso espaço político e social não está ele próprio completamente permeado por visões apocalípticas? Experimente só contar uma piada suja e você imediatamente sentirá a força da censura do politicamente correto. Há anos nossa permissividade já se converteu em seu oposto.

Além disso, será mesmo que isolamento forçado realmente implica sobrevivencialismo apolítico? Concordo bem mais com Catherine Malabou, que escreveu que

> uma *epochè*, um ato de suspender, de colocar entre parênteses a socialidade, é às vezes a única via de acesso à alteridade, uma forma de se sentir próximo de todas as pessoas isoladas no mundo. Eis o motivo pelo qual estou tentando

permanecer quanto mais solitária for possível em minha solidão.²

Essa é uma ideia profundamente cristã: quando me sinto sozinho, abandonado por deus, é justamente nesse momento que me aproximo de Cristo na cruz e me encontro em plena solidariedade com ele. Hoje, isso vale para Julian Assange, isolado em sua cela, proibido de receber visitas. Agora estamos todos como Assange, e, mais do que nunca, precisamos de figuras como ele para evitar perigosos abusos de poder justificados por razões médicas. Em isolamento, o telefone e a internet são os principais elos que nos conectam aos outros – e ambos são controlados pelo Estado, que pode nos desconectar quando bem entender.

Então, o que vai acontecer? O impossível já está ocorrendo. Por exemplo, no dia 24 de março Boris Johnson anunciou a nacionalização temporária das ferrovias, uma medida que nem mesmo Jeremy Corbyn chegou a aventar nesse grau. Em uma breve conversa por telefone, Assange contou a Yanis Varoufakis que "esta nova fase da crise está, no mínimo, deixando claro para a gente que vale tudo – que agora tudo é possível"³. É claro, tudo em

---

2   Catherine Malabou, "To Quarantine from Quarantine: Rousseau, Robinson Crusoe, and 'I'", *Critical Inquiry*, 23 mar. 2020. Disponível em: <https://critinq.wordpress.com/2020/03/23/to-quarantine-from-quarantine-rousseau-robinson-crusoe-and-i/>; acesso em: 2 abr. 2020.

3   Yanis Varoufakis, "Last night Julian Assange called me. Here is what we talked about", *YanisVaroufakis.com*, 24 mar. 2020.

todas as direções, do melhor ao pior. Nossa situação é, portanto, profundamente política: estamos diante de escolhas radicais.

É possível que, em certas partes do mundo, o poder estatal sofra uma semidesintegração, que senhores da guerra locais passem a controlar seus territórios em uma luta geral por sobrevivência ao estilo *Mad Max*, especialmente se surgirem novas ameaças (digamos, fome, por conta de enormes invasões de gafanhotos). É possível que grupos extremistas adotem a estratégia nazista de "abrir mão de fracos e idosos a fim de fortalecer e rejuvenescer nossa nação" – segundo informações de inteligência reunidas pelo FBI, alguns desses grupos já estão estimulando membros que contraíram o coronavírus a disseminar o contágio a policiais e a judeus. Uma versão capitalista mais refinada de tal relapso à barbárie já está sendo abertamente debatida nos EUA. Aqui vão dois exemplos:

> Escrevendo em caixa alta em um tuíte disparado no fim do dia no domingo, dia 22 de março, o presidente dos Estados Unidos disse: "Não podemos permitir que a cura seja pior que o próprio problema. Ao fim desse período de quinze dias, vamos tomar uma decisão sobre o rumo que queremos seguir". O vice-presidente Mike Pence, que está à frente da força tarefa do coronavírus na Casa Branca, disse mais

---

Disponível em: <https://www.yanisvaroufakis.eu/2020/03/24/last-night-julian-assange-called-me-here-is-what-we-talked-about/>; acesso em: 2 abr. 2020.

cedo que os Centros Federais para Controle e Prevenção de Doenças (CDC) emitiriam orientações na segunda-feira visando a permitir que pessoas já expostas ao coronavírus voltem a trabalhar mais cedo. [...] Na semana passada o corpo editorial do *The Wall Street Journal* alertou que "oficiais federais e estaduais precisam começar a adequar suas estratégias antivírus agora a fim de evitar uma recessão econômica que fará com que o dano de 2008-2009 pareça pequeno".

Bret Stephens, um colunista conservador do *The New York Times* que Trump acompanha de perto, escreveu no domingo que tratar o vírus como uma ameaça comparável à Segunda Guerra Mundial é algo que "precisa ser questionado ferrenhamente antes que comecemos a impor soluções possivelmente mais destrutivas que o próprio vírus".[4]

O vice-governador do Texas, Dan Patrick,

foi à Fox News defender que ele preferiria morrer a ver medidas de saúde pública ferirem a economia estadunidense e que ele acreditava que "muitos avôs" em todo o país concordariam com ele. "Minha mensagem: voltemos

---

[4] David Smith, Lauren Gambino e Edward Helmore, "Trump signals change in coronavirus strategy that could clash with health experts", *The Guardian*, 23 mar. 2020. Disponível em: <https://www.theguardian.com/world/2020/mar/23/trump-social-distancing-coronavirus-rules-guidelines-economy>; acesso em: 2 abr. 2020.

ao trabalho, retomemos nossa vida, sejamos inteligentes, e aqueles de nós que já temos mais de setenta anos, a gente se cuida".[5]

Vale a pena citar passagens como essas porque a mensagem delas é clara: a escolha é entre (sabe-se lá quantas) vidas humanas e o *"way of life"* americano capitalista – e, nessa escolha, quem sai perdendo são as vidas... Mas será mesmo que essa é a única escolha disponível? Já não estamos, aqui e acolá, até mesmo nos próprios Estados Unidos, fazendo algo diferente? É claro que um país inteiro não pode – o mundo menos ainda – permanecer indefinidamente paralisado, mas ele pode ser transformado, recomeçado de uma maneira nova. Não tenho preconceitos sentimentais: não sabemos o que precisará ser feito – talvez desde mobilizar aqueles que já se recuperaram e são imunes ao coronavírus a fim de manter os serviços sociais necessários até disponibilizar medicamentos a fim de permitir mortes indolores em casos terminais, nos quais a vida já não passa de sofrimento prologando. Vê-se que não só temos uma escolha, como já estamos efetivamente fazendo escolhas.

---

[5] Lois Beckett, "Older people would rather die than let covid-19 harm US economy – Texas official", *The Guardian*, 24 mar. 2020. Disponível em: <https://www.theguardian.com/world/2020/mar/24/older-people-would-rather-die-than-let-covid-19-lockdown-harm-us-economy-texas-official-dan-patrick>; acesso em: 2 abr. 2020.

É por isso que não concordo inteiramente com a postura daqueles que veem a crise como um momento apolítico no qual o poder estatal deveria fazer o que lhe cabe e nós somente deveríamos seguir suas orientações, na esperança de que algum tipo de normalidade seja restaurado em um futuro não muito distante. Devemos seguir Immanuel Kant, que escreveu o seguinte a respeito das leis do Estado: "Obedeça, mas pense, resguarde a liberdade de pensamento!". Hoje, precisamos mais do que nunca daquilo que Kant denominou o "uso público da razão". É certo que a epidemia irá retornar, combinada com outras ameaças ambientais – desde secas até enxames de gafanhotos –, então é preciso que as decisões duras sejam tomadas agora. É este ponto que aqueles que assinalam que isso tudo não passa de uma epidemia com um número relativamente pequeno de mortos não entendem: sim, é só uma epidemia, mas agora vemos que os alertas a respeito de epidemias como essa estavam plenamente justificados e que ameaças desse tipo vieram para ficar. Pode-se, é claro, optar pela adoção de uma atitude "sábia" resignada, como quem diria "coisas piores aconteceram, veja as pestes medievais". Mas a própria necessidade de apelar a esse tipo de comparação já diz muito. O pânico no qual nos encontramos atesta o fato de que há uma espécie de progresso ético ocorrendo, por mais hipócrita que seja: não estamos mais dispostos a aceitar pestes como nosso destino.

É aqui que entra meu "comunismo", que não é nenhum sonho obscuro, mas simplesmente um nome para o que já está ocorrendo (ou ao menos sendo percebido por muitos como uma necessidade), para medidas que já estão sendo consideradas e até mesmo, em parte, aplicadas. É preciso não apenas que o Estado assuma um papel muito mais ativo – organizando a produção de materiais e equipamentos urgentemente necessários (como máscaras cirúrgicas, *kits* para diagnóstico e respiradores), apropriando-se de hotéis e outros *resorts*, garantindo o mínimo de sobrevivência a todos os novos desempregados e assim por diante –, como que tudo isso seja feito basicamente ignorando os mecanismos de mercado. Só pense nos milhões de pessoas cujos trabalhos serão, ao menos por algum tempo, arruinados e desprovidos de sentido, assim como aqueles na indústria de turismo – essas vidas não devem de forma alguma ser deixadas a meros mecanismos de mercado ou a estímulos pontuais.

Mais duas coisas já estão claras a esta altura. O sistema institucional de saúde terá de contar com a ajuda de comunidades locais para cuidar dos fracos, dos idosos etc. Além disso, na outra ponta, terá de ser organizado algum tipo de cooperação internacional efetiva a fim de produzir e compartilhar recursos – se os Estados apenas se isolarem, guerras vão estourar. É isso que eu estou chamando de "comunismo", e não vejo alternativa a isso que não uma nova barbárie. Até que ponto ele vai se desenvolver, não sei. Só sei que por toda parte é perceptível o sentimento de que ele é uma necessidade – e, como vimos, ele já está inclusive sendo levado a cabo por políticos como Boris Johnson, que certamente não é nenhum comunista.

É isso que aqueles que deploram nossa obsessão com a sobrevivência não percebem. Recentemente, Alenka Zupančič fez uma releitura do texto que Maurice Blanchot escreveu na era da Guerra Fria a respeito do medo de autodestruição nuclear da humanidade[6]. Blanchot demonstra como nosso anseio desesperado por sobreviver não implica a postura de "esquecer as transformações, concentrar-nos apenas em assegurar a manutenção do atual estado de coisas e salvar nossa vida nua". Não, é mediante nosso empenho em salvar a humanidade (da autodestruição) que estamos criando uma nova humanidade a ser salva, já que é somente por meio dessa ameaça mortífera que somos capazes de vislumbrar uma humanidade unificada. Exatamente o mesmo veredito vale para nossa atual situação.

---

[6] O texto de Blanchot em questão é "O apocalipse é decepcionante" (1964). A releitura de Alenka Zupančič foi publicada on-line. Ver Alenka Zupančič, "The Apocalypse is (Still) Disappointing", em Ben Hjorth (ed.), *Lost Cause ("Repetition/s"), S: Journal of the Circle for Lacanian Ideology Critique*, v. 11, 2018. Disponível em: <http://www.lineofbeauty.org/index.php/S/article/view/82/101>; acesso em: 2 abr. 2020. (N. T.)

12
Guia de sobrevivência psíquica para o isolamento social: duas cartas de amigos

Permita-me começar com uma confissão pessoal: me agrada a ideia de estar confinado em meu próprio apartamento, com tempo de sobra para ler e trabalhar... Mesmo quando viajo, sempre prefiro ficar em um bom quarto de hotel e ignorar as grandes atrações da cidade. Um belo ensaio sobre uma pintura famosa significa muito mais para mim que poder ver esse quadro ao vivo em um museu lotado. Mas me dei conta que, em vez de servir de alívio, essa constatação na verdade *piora* o fato de estar obrigado agora a permanecer confinado em casa. Por quê? Vou repetir pela enésima vez a famosa piada que o personagem do conde Léon d'Algout conta no filme *Ninotchka* (1939), de Ernst Lubitsch: "'Garçom! Um café sem creme, por favor!'. 'Perdão, senhor, hoje não temos creme, só leite. Posso lhe oferecer um café sem leite?'". No nível factual, o café permanece o mesmo, mas o que podemos fazer é trocar o café sem creme por café sem leite – ou melhor, acrescentar a negação implícita e transformar o café puro em um café sem leite. Ora, não foi exatamente isso que aconteceu com meu isolamento? Antes da crise, tratava-se de um isolamento "sem leite" (eu tinha a opção de sair, mas escolhia ficar em casa). Agora, me resta apenas o café puro do isolamento, sem nenhuma possível negação implícita.

Meu amigo Gabriel Tupinambá, um psicanalista lacaniano do Rio de Janeiro, me explicou esse paradoxo em uma comunicação recente por e-mail. Ele observou que "as pessoas que já trabalhavam de casa são as que mais têm sofrido ansiedade. São elas as mais expostas às piores fantasias de impotência, visto que não há nem mesmo uma mudança em seus hábitos delimitando a singularidade dessa situação em sua vida cotidiana". Seu argumento é complexo, mas bastante claro: quando não registramos nenhuma grande mudança em nossa realidade cotidiana, a ameaça passa a ser experimentada como uma fantasia espectral invisível e, por isso, mesmo muito mais poderosa. Lembremos que, na Alemanha nazista, o antissemitismo era mais forte justamente nas partes do país em que o número de judeus era menor – a invisibilidade deles os convertia em um espectro aterrorizante.

Embora esteja em autoisolamento, Tupinambá continua atendendo pacientes por telefone ou videoconferência. Em sua carta, ele comenta com sarcasmo o fato de que certos analistas que, por princípios teóricos, até agora se opunham rigorosamente ao tratamento psicanalítico *in absentia*, feito via telefone ou Skype, mas imediatamente aceitaram o formato quando, em função da situação de isolamento, tornou-se impossível receber pacientes diretamente (o que representaria uma perda de dinheiro para eles).

Sua primeira reflexão a respeito da ameaça do coronavírus é que ela o lembrou daquilo que Freud relata em *Além do princípio do prazer* (1920). O enigma inicial com o qual o fundador da psicanálise deparava era que "os soldados que haviam sido feridos na guerra conseguiam elaborar suas experiências traumáticas melhor que aqueles que voltavam ilesos – estes últimos tendiam a experimentar sonhos repetidos, que reatualizavam as imagens e fantasias violentas da guerra". Tupinambá associa essa reflexão a sua memória das Jornadas de Junho de 2013 no Brasil.

> Tantos amigos, de diferentes organizações militantes, que estavam na linha de frente dos protestos e acabaram se machucando e apanhando da polícia demonstraram uma espécie de alívio subjetivo por terem sido "marcados" pela situação – minha intuição na época era de que as feridas "condensavam" as forças políticas invisíveis em operação naquele momento em uma grandeza individual manejável, conferindo certos limites ao poder fantasmático do Estado. Era como se os cortes e as feridas atribuíssem certos contornos ao Outro. ["O Outro" aqui é o agente invisível todo-poderoso que assombra o indivíduo paranoico.]

Tupinambá repara ainda que é possível verificar o mesmo paradoxo no surto da crise de HIV.

A disseminação invisível da crise de HIV foi algo que provocou imenso nervosismo. A franca impossibilidade de nos situarmos de maneira comensurável diante da escala do problema era tamanha que ter seu passaporte "carimbado" de "HIV positivo" não parecia, para alguns, um preço assim tão alto a se pagar para conferir à situação certos contornos simbólicos. Isso, afinal, ao menos daria uma medida ao poder do vírus, colocando-nos assim em uma situação na qual, se testássemos positivo, poderíamos passar a avaliar que tipo de liberdade ainda teríamos.

Estamos lidando aqui com a distinção, elaborada por Lacan, entre a realidade e o Real. A realidade é a realidade externa, o espaço social e material ao qual estamos acostumados e no interior do qual podemos nos orientar e interagir com os outros. Já o Real é uma entidade espectral, invisível, e que, justamente por esse motivo, aparece para nós como onipotente. No instante que esse agente espectral passa a fazer parte de nossa realidade (mesmo se isso significar contrair um vírus), seu poder torna-se localizado e ele converte-se em algo com o qual podemos lidar (mesmo que isso implique a possibilidade de perder a batalha). Enquanto tal transposição à realidade não ocorre, "ficamos aprisionados em um estado de paranoia ansiosa (globalidade pura) ou na posição de ter de apelar a simbolizações ineficazes por meio de *acting outs* que nos expõem a riscos desnecessários (localidade pura)". Essas "simbolizações ineficazes" já assumiram muitas formas; a mais conhecida delas é o chamado de Trump para ignorar os riscos e colocar o país de volta ao trabalho. Esse tipo de ato é muito pior que berrar e se contorcer diante de uma tela ao assistir a uma partida de futebol em casa, agindo como se fosse possível magicamente influenciar o resultado do jogo. Mas isso não significa que estamos perdidos: podemos sair desse impasse antes de a ciência fornecer os meios técnicos para conter o vírus. Devolvo a palavra a Gabriel Tupinambá.

> O fato de os médicos que estão na linha de frente da pandemia e as pessoas que estão envolvidas na construção de sistemas de ajuda mútua em comunidades de periferia, por exemplo, terem menor probabilidade de sucumbir a paranoias doidas indica que há um benefício subjetivo "colateral" em certas formas de trabalho político hoje. Parece que a política feita por certas mediações – e o Estado é muitas vezes o único meio disponível aqui, mas penso que isso talvez seja uma contingência – não apenas nos fornece os meios para mudar a situação, como também os meios para conferir uma forma apropriada àquilo que perdemos.

O fato de que, no Reino Unido, mais de 400 mil jovens saudáveis se voluntariaram para ajudar quem mais precisa é um bom indicativo nessa direção. Mas e aqueles de nós que não têm condições de se engajar dessa maneira – o que podemos fazer para sobreviver à pressão mental de viver em uma era de pandemia? Minha primeira regra é: este não é o momento de buscar alguma espécie de autenticidade espiritual, de confrontar o abismo último de nosso Ser. Em vez disso, busque, para usar uma expressão dos últimos escritos de Lacan, *identificar-se com seu sintoma* sem nenhuma vergonha; dito de maneira mais simples: busque assumir plenamente todos os pequenos rituais, fórmulas e hábitos particulares que estabilizam sua vida cotidiana. Qualquer coisa que funcione está permitida nessa situação a fim de evitar um colapso mental, até mesmo formas de negação fetichista, do seguinte tipo: "*Eu sei muito bem* a gravidade da situação, *mas mesmo assim* vou agir como se não acreditasse nela". Não pense demais em termos de longo prazo. Pense no dia de hoje, no que você vai fazer até a hora de dormir. Se funcionar, faça como no jogo do filme *A vida é bela* (1997), de Roberto Benigni: finja que essa paralisação toda não passa de um jogo do qual você e sua família estão participando de livre e espontânea vontade, com a perspectiva de levar um grande prêmio no fim.

E já que estamos falando de cinema, se você tiver algum tempo livre para assistir a filmes, sucumba sem culpa a todos os seus prazeres mais rasos: distopias catastróficas, séries enlatadas de comédia sobre a vida cotidiana – aquelas com risadas artificiais da plateia embutidas, como *Will & Grace* –, podcasts e canais de YouTube sobre grandes batalhas do passado etc. Minhas favoritas são as séries policiais sombrias da Escandinávia (de preferência islandesas), como *Trapped* (2015) ou *O assassino de Valhalla* (2019).

Essa postura, no entanto, não resolve tudo – a principal tarefa é estruturar sua vida cotidiana de maneira estável e dotada de sentido. Foi da seguinte forma que outro amigo meu, o jornalista alemão Andreas Rosenfelder, do

Die Welt, descreveu para mim em uma comunicação recente por e-mail a nova postura diante da vida cotidiana que está começando a surgir agora:

> Estou realmente sentindo algo heroico a respeito dessa nova ética, também no jornalismo – todo mundo trabalha dia e noite de seu *home office*, fazendo videoconferências e cuidando das crianças ou dando aula a elas ao mesmo tempo, mas ninguém se pergunta por que está fazendo isso, afinal não se trata mais de pensar que "eu ganho meu dinheiro e depois posso tirar férias ou algo do tipo", visto que ninguém sabe sequer se haverá férias novamente ou se haverá dinheiro. É a ideia de um mundo no qual você tem um apartamento, o básico (como comida etc.), o amor dos outros e uma tarefa que realmente importa – agora mais do que nunca. A ideia de alguém precisando de "mais" parece surreal agora.

Não posso imaginar uma descrição melhor do que devemos chamar, sem nenhuma vergonha, de uma vida decente não alienada. Espero que um pouco dessa postura sobreviva quando a pandemia – assim torcemos – passar.

13
Decisões duras

Em trabalhos anteriores, usei ao menos uma dezena de vezes a velha piada sobre o homem que acredita ser um grão de milho. O sujeito é levado a uma instituição mental em que os médicos fazem de tudo para o convencer de que ele de fato é um ser humano, não um grão de milho. Quando finalmente recebe alta (enfim curado e plenamente seguro de não ser um grão de milho) e lhe permitem deixar o hospital, o homem imediatamente volta, tremendo. Há uma galinha na porta e ele teme que ela tentará comê-lo. "Mas, meu caro", diz o médico, "você sabe muito bem que não é um grão de milho, e sim um homem". "É claro que eu sei", responde o paciente, "mas a galinha sabe disso?". Meu amigo croata Dejan Kršić recentemente me enviou uma atualização dessa piada para o contexto do coronavírus: "Olá, meu amigo!". "Bom dia, professor!". "Por que você está usando máscara? Duas semanas atrás você afirmava por aí que as máscaras na verdade não nos protegem contra o vírus…". "Sim, eu sei que elas não funcionam, mas talvez o vírus não saiba!"

Essa versão da piada ignora um fato crucial: o vírus não sabe de nada (e também *não deixa de saber* de nada) porque nem sequer pertence ao domínio do conhecimento. Não se trata de um inimigo tentando nos destruir; ele simplesmente se autorreproduz com um automatismo cego. Algumas pessoas de esquerda evocam outro paralelo: será que o próprio capital não pode igualmente ser considerado um vírus que parasita a humanidade? Afinal, ele também é um mecanismo cego dotado de uma tendência implacável à autorreprodução expandida, manifestando total indiferença ao nosso sofrimento. Há, contudo, uma diferença-chave em operação aqui: o capital é uma entidade virtual que não existe na realidade independentemente de nós – ele só existe porque nós, seres humanos, participamos do processo capitalista. Como tal, o capital é uma entidade espectral: se parássemos de agir como se acreditássemos nele (ou, digamos, se um poder estatal nacionalizasse todas as forças produtivas e abolisse o dinheiro), o capital deixaria de existir, ao passo que o vírus constitui uma parte da realidade com a qual só podemos lidar por meio da ciência.

Isso não significa dizer que não há nenhum elo entre os diferentes níveis de entidades virais: vírus biológicos, vírus digitais, o capital enquanto entidade viral[1]... A própria epidemia do coronavírus claramente não pode ser resumida apenas a um fenômeno biológico que se abateu sobre os seres humanos; afinal, para compreender sua disseminação, é preciso levar em conta a cultura humana (hábitos alimentares), a economia e o comércio globais,

---

[1] Ver o capítulo 4 deste volume. (N. E.)

a espessa rede de relações internacionais, os mecanismos ideológicos de medo e pânico... Para captar melhor esse elo, faz-se necessário adotar uma abordagem nova. Quem deu as primeiras pistas nesse sentido foi Bruno Latour, que destacou com razão que a crise do coronavírus é um "ensaio geral" para a mudança climática vindoura – esta que é "a próxima crise, na qual a reorientação das condições de vida será colocada como um desafio para todos nós, assim como os detalhes da existência cotidiana que teremos que aprender a resolver com cuidado". Como momento da crise ambiental global e duradoura, a epidemia do coronavírus brutalmente nos impõe

> a repentina e dolorosa percepção de que a definição clássica de sociedade – os humanos entre eles – não faz sentido. O estado de uma sociedade depende a cada momento das associações entre uma série de atores, boa parte dos quais não possui formas humanas. Isso vale para micróbios – como sabemos desde Pasteur –, mas também para a internet, o direito, a organização dos hospitais e a logística do Estado, assim como o clima.[2]

Há, é claro, como Latour bem sabe, uma diferença-chave entre a epidemia do coronavírus e a crise ecológica:

---

[2] Bruno Latour, "La crise sanitaire incite à se préparer à la mutation climatique", *Le Monde Diplomatique*, 25 mar. 2020. Disponível em: <https://www.lemonde.fr/idees/article/2020/03/25/la-crise-sanitaire-incite-a-se-preparer-a-la-mutation-climatique_6034312_3232.html>; acesso em: 7 abr. 2020.

Na crise de saúde, pode até ser verdade que os seres humanos como um todo estão "lutando contra" os vírus – mesmo que estes não tenham o menor interesse por nós e simplesmente sigam, de garganta em garganta, nos matando sem nenhuma intenção especial. A situação inverte-se tragicamente no caso da mudança ecológica: desta vez, o patógeno cuja terrível virulência alterou as condições de vida para todos os habitantes do planeta não é de forma alguma o vírus, é a humanidade!

Por mais que Latour imediatamente emende que "isso não se aplica a todos os seres humanos, apenas aos que travam uma guerra contra nós sem declará-la", o fato é que a agência que "trava uma guerra contra nós sem declará-la" não é apenas um grupo de pessoas, mas sim o sistema socioeconômico global vigente – ou seja, a ordem global existente da qual todos nós (a humanidade inteira) participamos. Agora fica claro onde reside o potencial verdadeiramente subversivo da noção de agenciamento[3]: ele vem à tona quando mobilizamos o conceito para descrever uma constelação que também comporta seres humanos, mas de uma perspectiva "inumana", de forma que os humanos aparecem nela como apenas um dos actantes. Lembremos

---

[3] O termo *assemblage*, utilizado aqui pelo autor, é a tradução em inglês do conceito de *agencement* cunhado por Gilles Deleuze e Félix Guattarri em *Mille plateaux* (1980) e do qual Jane Bennett se apropria. Por isso, optou-se por preservar a tradução já consolidada do termo em português nas edições das obras de Deleuze e Guattari pela editora 34. (N. T.)

a descrição de Jane Bennett de como os actantes interagem em um lixão poluído – não apenas os humanos, mas também o lixo em decomposição, as minhocas, os insetos, as maquinarias abandonadas, os químicos venenosos, e assim por diante, cada um desses elementos desempenha seu papel (nunca puramente passivo)[4].

Essa abordagem traz uma autêntica sacada teórica e ético-política. Quando chamados "novos materialistas", como Bennett, se opõem à redução da matéria a uma mistura passiva de partes mecânicas, eles evidentemente não querem com isso reafirmar a antiga teleologia direta, mas postular uma dinâmica aleatória imanente à própria matéria: surgem "propriedades emergentes" a partir de encontros não previsíveis entre diversos tipos de actantes, e a atribuição de agência para qualquer ato em particular é distribuída ao longo de uma variedade de corpos. A agência, portanto, converte-se em um fenômeno social, no qual os limites da socialidade são expandidos a fim de incluir todos os corpos materiais que participam do agenciamento relevante. Um público ecológico, digamos, seria um conjunto de corpos, alguns humanos, a maioria não, que estão sujeitos a sofrer dano (definido como uma redução na capacidade de ação). A implicação ética de uma postura dessas é que devemos reconhecer nosso emaranhamento no interior de agenciamentos maiores: devemos nos tornar mais sensíveis às demandas

---

[4] Jane Bennett, Vibrant Matter: *A Political Ecology of Things* (Durham, Duke University Press, 2010), p. 4-6.

desses públicos e o senso reformulado de autointeresse nos convoca a responder ao apuro deles. A materialidade, em geral entendida como uma substância inerte, deve ser repensada como uma pletora de coisas que formam agenciamentos de atores (actantes) humanos e não humanos – os humanos não passam de uma das forças no interior de uma rede potencialmente irrestrita de forças.

Essa abordagem que situa um fenômeno no interior de seu agenciamento em constante mutação nos permite dar conta de alguns casos inesperados de transfuncionalização (quando um fenômeno de repente passa a funcionar de maneira totalmente diferente). Entre as ocorrências inesperadas de solidariedade, vale mencionar as facções nas favelas do Rio de Janeiro que, geralmente envolvidas em disputas brutais pelo controle de seus territórios, decretaram uma trégua durante a epidemia e decidiram colaborar oferecendo ajuda aos mais fracos e idosos de suas comunidades[5]. Essa mudança repentina foi possível porque as facções já constituíam, elas próprias, um agenciamento de diferentes elementos: não apenas uma forma de crime, mas também uma forma de solidariedade e resistência ao poder institucional por parte de grupos de jovens.

Outro exemplo de transfuncionalização: gastar trilhões para ajudar não apenas empresas, como também indivíduos (algumas dessas medidas se aproximam da renda básica universal), justifica-se como medida extrema para

---

[5] Quem me passou essa informação foi Renata Ávila, advogada e ativista de direitos humanos da Guatemala.

manter a economia operando e para prevenir a fome e a pobreza extrema, mas há efetivamente algo muito mais radical ocorrendo, afinal, com tais medidas, o dinheiro deixa de operar de um modo capitalista clássico; ele torna-se um *voucher* para alocar recursos disponíveis a fim de que a sociedade continue funcionando, para além das limitações da lei do valor.

Imaginemos outra inversão estranha nessa mesma linha. Nossa mídia noticiou amplamente que um dos efeitos colaterais da epidemia do coronavírus foi uma enorme melhora na qualidade do ar na China central[6] – e agora até mesmo no norte da Itália. Mas e se os padrões climáticos dessas regiões já estivessem de alguma maneira acostumados ao ar poluído, de tal forma que um dos efeitos do ar mais limpo pode ser a produção de um padrão climático diferente e muito mais destrutivo nessas regiões (mais secas ou enchentes, por exemplo)?

Para confrontar a crise ambiental que nos aguarda, precisamos, portanto, de uma transformação filosófica radical – muito mais profunda que a platitude usual de sublinhar como nós, humanos, fazemos parte da natureza como uma entre as várias espécies naturais na Terra, isto é, como nossos processos produtivos (nossa relação metabólica com a natureza, segundo dizia Marx) integram parte do metabolismo da própria natureza. O desafio é descrever essa interação complexa em sua textura detalhada: o coronavírus não é uma exceção nem uma intrusão

---

[6] Ver o capítulo 10 deste volume. (N. E.)

perturbadora, ele é uma versão particular de um vírus que estava em operação abaixo do limiar de nossa percepção por décadas. Os vírus e as bactérias estão o tempo todo entre nós, às vezes inclusive desempenhando alguma função positiva crucial (nossa digestão só funciona por conta das bactérias em nosso estômago). Não basta introduzir a noção de haver estratos ontológicos diferentes – dizer, por exemplo, que, como corpos, somos organismos que precisam hospedar bactérias e vírus; como produtores, alteramos coletivamente a natureza à volta; como seres políticos, organizamos nossa vida social e nos engajamos em lutas nessa esfera; como seres espirituais, encontramos realização na ciência, na arte e na religião; e por aí vai. "Agenciamento" significa que é preciso dar um passo adiante em direção a uma espécie de ontologia plana e destrinchar as maneiras pelas quais esses diferentes níveis podem interagir em um mesmo patamar ontológico: os vírus enquanto actantes são mediados por nossas atividades produtivas, por nossos gostos culturais, por nosso intercâmbio social... É por isso que, para Latour,

> a política deveria tornar-se material, uma *Dingpolitik* que gira em torno de coisas e questões a ser abordadas, em vez de em torno de valores e crenças. Células-tronco, aparelhos celulares, organismos geneticamente modificados, patógenos, novas infraestruturas e novas tecnologias reprodutivas ensejam públicos interessados que criam diferentes formas de saber a respeito dessas questões e modalidades diversas de ação – para além de instituições,

ideologias ou interesses políticos que delimitam a esfera tradicional da política.[7]

Mais uma vez, não seria a epidemia do coronavírus um agenciamento desse tipo no qual se articulam um mecanismo viral (potencialmente) patógeno, agricultura industrializada, desenvolvimento econômico global acelerado, hábitos culturais, comunicação internacional intensa etc. etc.? A pandemia é uma mistura na qual se combinam inextricavelmente processos naturais, econômicos e culturais…

Como descarado filósofo da subjetividade que sou, contudo, penso que há dois pontos a acrescentar aqui. Primeiro, na condição de humanos, somos apenas um dos actantes em um agenciamento complexo; contudo, é apenas e precisamente enquanto sujeitos que somos capazes de adotar a "perspectiva inumana" a partir da qual podemos (ao menos em parte) conceber o agenciamento de actantes entre os quais nós mesmos estamos. Em segundo lugar, não devemos simplesmente ignorar "valores e crenças", pois estes desempenham um papel importante

---

[7] Martin Mueller, "Assemblages and Actor-Networks: Rethinking Socio-material Power, Politics and Space", *Geography Compass*, v. 9, n. 1, 2015, p. 27-41. Disponível em: <http://onlinelibrary.wiley.com/doi/10.1111/gec3.12192/pdf>; acesso: 7 abr. 2020. Parece-me que a leitura normativa predominante de Hegel, à Brandom, ignora esse entrelaçamento de posições e afirmações normativas com uma rede complexa de processos de vida materiais e imateriais.

e devem ser tratados como um modo específico de agenciamento. A religião é uma complexa textura de dogmas, instituições, práticas sociais e individuais e experiências íntimas na qual tanto o que é dito quanto o que permanece não dito se entrelaçam de maneiras muitas vezes inesperadas – talvez uma prova científica plena da existência de deus seja a maior de todas as surpresas para o próprio ou a própria fiel...

Uma complexidade (ou melhor, brecha) semelhante nos ajuda a compreender o atraso de nossa reação à disseminação do coronavírus: nosso conhecimento estava em descompasso com nossas crenças espontâneas. Lembremos o segundo assassinato que ocorre no filme *Psicose* (1960), de Alfred Hitchcock: esse assassinato (o do personagem do detetive Arbogast) nos surpreende ainda mais que o famoso assassinato no chuveiro. A morte de Marion Crane no chuveiro acontece de maneira totalmente inesperada, ao passo que nesse outro sabemos que algo chocante está prestes a ocorrer (a cena toda é armada nesse sentido), mas ainda assim ficamos surpresos quando ocorre. Por quê? Como pode a maior surpresa se dar precisamente quando aquilo que nos é dito que vai acontecer efetivamente acontece? A resposta óbvia é: no fundo, não acreditávamos de fato que ocorreria.

Ora, não poderíamos dizer que algo semelhante se deu com a disseminação do coronavírus? Os epidemiologistas vinham nos alertando que o vírus chegaria a nós, inclusive fornecendo previsões precisas, que agora se provaram bastante acertadas. Greta Thunberg está certa quando diz que os políticos deveriam dar ouvidos à ciência, mas estávamos mais propensos a confiar em nossas intuições mais imediatas (o próprio Trump usou a palavra "*hunch*") – e é fácil compreender o porquê. Estamos passando hoje por algo que até pouco tempo atrás considerávamos impossível: as coordenadas básicas do nosso mundo da vida estão desaparecendo. Nossa primeira reação ao vírus foi presumir que ele não passava de um pesadelo do qual logo acordaríamos. Agora sabemos que isso não vai ocorrer. Precisamos aprender a viver em um mundo viral. É necessário reconstruir, dolorosamente, um novo mundo da vida.

Mas há outra combinação de discurso e realidade em operação na atual pandemia: existem processos materiais que só podem ocorrer se forem mediados por nosso conhecimento sobre eles. Ou seja, nos é dito que algo catastrófico ocorrerá conosco, buscamos escapar desse desfecho, mas, por meio de nossas próprias tentativas de evitá-lo, ele acaba ocorrendo… Lembre-se da velha história árabe sobre o "compromisso em Samarra", recontada por W. Somerset Maugham. Nela, um servo cumprindo incumbências no movimentado mercado de Bagdá se depara com a Morte. Aterrorizado por seu olhar fixo, volta correndo para a casa de seu senhor e lhe pede um cavalo para cavalgar o dia todo a tempo de chegar ao anoitecer a Samarra, onde a Morte não o encontraria. O bom senhor não apenas concede o cavalo ao servo, como vai pessoalmente ao mercado atrás da Morte para confrontá-la por ter afugentado seu fiel servo, ao que ela responde: "Mas eu não queria assustar seu servo. Só não entendi o que ele estava fazendo aqui, sendo que tenho um compromisso em Samarra hoje à noite…".

E se a mensagem dessa história não for que a morte do sujeito é inevitável, de que tentar se desvencilhar dela só acabará reforçando ainda mais sua inelutabilidade, mas o exato oposto: a saber, se aceitarmos o destino como impreterível, é possível se desvencilhar de suas garras? Os pais de Édipo recebem um presságio de que o filho deles assassinaria seu pai e esposaria a própria mãe, e são justamente as medidas que o casal toma para evitar esse destino (expondo o filho à morte por abandono no monte Citerão) que garantem o cumprimento da profecia – sem essa tentativa de desviar-se do presságio, a profecia não teria se realizado.

Não poderíamos dizer que se trata de uma parábola perfeita para descrever o destino da intervenção estadunidense no Iraque? Os Estados Unidos viram sinais da ameaça fundamentalista, intervieram a fim de evitá-la, mas com isso acabaram, na verdade, a fortalecendo. Não teria sido muito mais eficaz aceitar a ameaça, ignorá-la e, assim, quebrar seu garrote? Então, voltando a nossa história, imagine que, ao se deparar com a Morte no mercado, o servo optasse logo por abordá-la à queima-roupa: "Qual é seu problema comigo? Se você tem algo a fazer comigo, ora, que faça de uma vez. Caso contrário, caia fora!". Perplexa, a Morte balbuciaria algo do tipo "Mas… era para nos encontrarmos em Samarra. Não posso te matar aqui!" e fugiria (provavelmente para Samarra). Aqui reside a aposta do assim chamado plano da "imunidade de rebanho" para enfrentar o coronavírus.

> O objetivo declarado tem sido atingir a "imunidade de rebanho" a fim de lidar com o surto e prevenir uma "segunda onda" catastrófica no próximo inverno [...]. Uma enorme parcela da população – *grosso modo*, qualquer um com até quarenta anos de idade – se encontra em situação de risco mais baixo de desenvolver uma doença severa. Assim o raciocínio é de que, ainda que em um mundo perfeito o ideal seria que ninguém tivesse que correr o risco de se infectar, gerar imunidade nos mais jovens é uma forma de proteger a toda a população.[8]

A aposta aqui é de que, se agirmos como se não soubéssemos, isto é, se na prática ignorarmos a ameaça, quem sabe o dano real seja menor do que se agirmos conscientemente. É disso que os populistas conservadores tentam nos convencer: a Samarra de nosso compromisso é nossa ordem econômica vigente e nosso modo de vida como um todo, de forma que, se escutarmos o alerta dos epidemiologistas e reagirmos a ele tentando escapar de nossa realidade (implementando políticas de isolamento e *lockdown* etc.), acabaremos ensejando uma catástrofe ainda maior (pobreza, sofrimento...) que a pequena porcentagem de mortes decorrentes do vírus em si.

---

[8] William Hanage, "I'm an epidemiologist. When I heard about Britain's 'herd immunity' coronavirus plan, I thought it was satire", *The Guardian*, 15 mar. 2020.

No entanto, como bem notou Alenka Zupančič[9], o "vamos voltar ao trabalho" é um caso exemplar da falsidade da preocupação de Trump com a classe trabalhadora: ele se dirige a pessoas comuns de baixa renda para as quais a pandemia também significa uma catástrofe econômica, pessoas que não têm condições financeiras de se isolar e para as quais o colapso econômico representa uma ameaça ainda maior que o vírus. A pegadinha aqui, é claro, é dupla. Primeiro, a política econômica de Trump (desmantelamento do Estado de bem-estar social) é em larga medida responsável pelo fato de muitos trabalhadores de baixa renda se encontrarem em uma situação calamitosa a ponto de a pobreza representar, para eles, uma ameaça maior que o próprio vírus. Segundo, aqueles que realmente "voltariam a trabalhar" são eles, os pobres, enquanto os mais ricos permaneceriam confortavelmente em isolamento.

Devemos sempre ter em mente que, para que alguns de nós possamos nos autoisolar, há aqueles que não o podem fazer – não apenas todas as pessoas que tornaram possível nosso isolamento (profissionais de saúde, produtores de alimentos, entregadores e trabalhadores responsáveis por cuidar do fornecimento de eletricidade, água e outros serviços básicos), mas também refugiados e populações que simplesmente não dispõem de nenhum lugar ("casa") onde se retirar em autoisolamento. Como explicar a milhares de pessoas confinadas em um campo de refugiados

---

[9] Em comunicação particular.

a necessidade de manter distanciamento social? Basta lembrar o caos ocorrido na Índia quando o governo determinou uma paralisação de catorze dias, com milhões de pessoas tentando se deslocar das grandes cidades para o campo…

Todas essas novas divisões apontam para a limitação fatal da preocupação "liberal de esquerda" de que a ampliação de controle social decorrente da ameaça viral será permanente e restringirá nossas liberdades, uma vez que indivíduos reduzidos ao pânico da mera sobrevivência são alvos ideais de sujeição ao poder. O perigo de fato é bastante real – o caso extremo é o de Viktor Orbán, que conseguiu aprovar uma lei que lhe permite governar por decreto por um período indefinido de tempo; contudo, essa preocupação deixa de captar o que efetivamente ocorre hoje. Por mais que quem está no poder busque nos responsabilizar pelo resultado da crise ("mantenham a distância adequada, sigam nossas ordens, cada um de vocês agora tem essa incumbência…"), na realidade o que se vê é exatamente o oposto disso. Nossa mensagem ao poder estatal é: podemos até seguir de bom grado suas orientações, mas elas são *suas* orientações, e não há nada que garanta que as coisas vão dar certo se as seguirmos. O poder estatal está em pânico porque não apenas sabe que não está no controle da situação, como sabe que nós, os súditos, também temos consciência disso – a impotência do poder revela-se neste momento.

Todos nós conhecemos a cena clássica dos desenhos animados na qual um personagem chega a um precipício, mas continua andando, alheio ao fato de não haver mais chão sob seus pés, e só efetivamente começa a despencar depois de olhar para baixo e se dar conta do abismo[10]. Quando perde sua autoridade, um regime político é como esse personagem de desenho animado caminhando sobre um precipício: para que comece a cair, basta lembrá-lo de olhar para baixo... E o inverso também vale: quando um regime autoritário se aproxima de sua crise final, sua dissolução via de regra segue dois passos. Antes de seu colapso efetivo, ocorre uma misteriosa ruptura: de uma hora para a outra, as pessoas entendem que o jogo acabou e simplesmente perdem o medo. Não é apenas que o regime perde sua legitimidade, o próprio exercício de poder passa a ser percebido como uma reação impotente de pânico. Em *O xá dos xás*, um relato clássico da Revolução Khomeini, Ryszard Kapuściński localizou o momento preciso dessa ruptura. Na praça central de Teerã, um único manifestante se recusa a arredar pé depois de um policial gritar com ele. Envergonhado, o policial simplesmente se retira. Em poucas horas a cidade inteira estava falando sobre esse incidente, e, por mais que ainda houvesse confrontos nas ruas por semanas, todo mundo de uma forma ou de outra sabia que o jogo já tinha acabado[11]. Há indicações de que

---

[10] Provavelmente não existe nenhum livro meu em que eu não me refira ao menos uma vez a essa cena.

[11] Ver Ryszard Kapuscinski, *Shah of Shahs* (Nova York, Vintage, 1992) [ed. bras.: *O xá dos xás*, trad. Tomasz Barcinski, São Paulo, Companhia das Letras, 2012].

algo parecido talvez esteja em andamento hoje: todos os poderes ditatoriais que os aparatos estatais acumulam só tornam mais palpável sua impotência fundamental.

Devemos resistir aqui à tentação de celebrar essa desintegração de nossa confiança como uma abertura para que as pessoas se auto-organizem em nível local para além dos aparatos estatais. Hoje, mais que nunca, precisamos de um Estado eficiente que "entregue" e no qual se possa confiar, ao menos relativamente. A auto-organização de comunidades locais só vai funcionar de forma plena em combinação com o aparato estatal… e a ciência. Agora somos obrigados a admitir que a ciência moderna, apesar de todos os vieses ocultos, é a forma predominante de universalidade transcultural. A epidemia fornece uma bela oportunidade para que a ciência se afirme nesse papel.

Aqui, contudo, surge um novo problema: na ciência também não há nenhum grande Outro, nenhum sujeito do qual podemos depender na íntegra, que seja inquestionavelmente um "sujeito suposto saber". Há epidemiologistas sérios que chegam a conclusões diferentes e defendem propostas divergentes a respeito do que deve ser feito diante da pandemia. Mesmo aquilo que se apresenta como um dado objetivo é obviamente filtrado por horizontes de pré-compreensão: como decidir se um idoso fraco morreu mesmo do vírus? Além disso, é certo que o fato de ainda haver um número muito maior de pessoas morrendo de outras doenças do que de covid-19 não deve ser utilizado para amenizar a crise. Ainda assim, não deixa de ser verdade que o foco mais restrito de nosso sistema de saúde no coronavírus provocou o adiamento do tratamento de doenças não consideradas urgentes (exames para diagnóstico de câncer, de doenças de fígado, e assim por diante), de tal forma que nossas medidas rigorosas podem acarretar mais danos no longo prazo que o impacto direto do vírus. Isso para não falar nas terríveis consequências econômicas da paralisação: ainda no início de abril, vimos a eclosão de saques de comida por parte de populações recém-empobrecidas no sul da Itália a ponto de a polícia ter que passar a fazer o controle de estabelecimentos alimentares em Palermo. Será que a única escolha disponível é entre um controle total ao estilo chinês e uma abordagem mais frouxa, como a da "imunidade de rebanho"?

É preciso tomar decisões duras que não podem ser fundamentadas apenas no conhecimento científico – é fácil advertir que o poder estatal utiliza a epidemia como justificativa para impor um estado de emergência permanente, mas qual é a alternativa proposta por quem profere esses alertas? Nossa reação à epidemia não se resume a um pânico orquestrado por quem está no poder (por que, afinal, o grande capital arriscaria uma megacrise?[12]); trata-se de um alarme genuíno e bem-fundamentado. Já o foco quase exclusivo da nossa mídia no coronavírus não se baseia em fatos neutros, é claramente ancorado em uma escolha ideológica.

---

[12] Ver o capítulo 9 deste volume. (N. E.)

Talvez possamos nos dar ao luxo de uma modesta teoria da conspiração: e se os representantes da ordem capitalista global vigente estiverem de alguma forma cientes daquilo que os analistas marxistas críticos vêm apontando já há algum tempo – de que o sistema tal como o conhecemos se encontra em uma crise profunda, que ele não pode mais seguir em sua atual forma liberal-permissiva – e estiverem explorando a epidemia de maneira implacável a fim de conseguir impor uma nova forma de ordem social? O desfecho mais provável da epidemia é o prevalecimento de um novo capitalismo bárbaro: muitos fracos e idosos serão sacrificados e abandonados à morte, os trabalhadores terão de aceitar um padrão muito mais baixo de vida, o controle digital de nossa vida perdurará como uma característica permanente, as distinções de classe devem se tornar ainda mais que hoje uma questão de vida ou morte... Quantas das medidas comunistas que aqueles no poder agora se veem obrigados a aplicar permanecerão?

Por isso, não devemos perder tempo demais com meditações espiritualistas *new age* a respeito de como "a crise do vírus nos permitirá focar no real significado de nossa vida". A verdadeira luta se dará em torno de qual forma social substituirá a nova ordem mundial liberal-capitalista. Esse é nosso verdadeiro compromisso em Samarra.

Sobre o autor

Slavoj Žižek nasceu em 1949 na cidade de Liubliana, Eslovênia. É filósofo, psicanalista e um dos principais teóricos contemporâneos. Transita por diversas áreas do conhecimento e, sob influência principalmente de Karl Marx e Jacques Lacan, elabora uma inovadora crítica cultural e política da pós-modernidade. Professor da European Graduate School e do Instituto de Sociologia da Universidade de Liubliana, preside a Sociedade de Psicanálise Teórica, de Liubliana, e é diretor internacional do Instituto de Humanidades da Universidade Birkbeck, de Londres.

Dele, a Boitempo publicou *Bem-vindo ao deserto do Real!* (2003), *Às portas da revolução: escritos de Lênin de 1917* (2005), *A visão em paralaxe* (2008), *Em defesa das causas perdidas* e *Primeiro como tragédia, depois como farsa* (2011), *Vivendo no fim dos tempos* e *O ano em que sonhamos perigosamente* (2012), *Menos que nada: Hegel e a sombra do materialismo dialético* e *Alguém disse totalitarismo?* (2013), *Violência: seis reflexões laterais* (2014), *O absoluto frágil* (2015), *O sujeito incômodo* (2016) e *Lacrimae Rerum: ensaios sobre cinema moderno* (2. ed., 2018).

Durante a produção deste livro, no dia 26 de março de 2020, perdemos o crítico e ensaísta Michael Sorkin, vítima da covid-19. A ele, o autor dedicou esta publicação com as seguintes palavras: "Sei que ele não está mais entre nós, mas me recuso a acreditar". Composto em Adobe Garamond Pro, corpo 13/15,84, e reimpresso em papel Avena 80 g/m², pela gráfica Rettec, para a Boitempo, em abril de 2021, com tiragem de 1.500 exemplares.